COORDENAÇÃO RENATA ARMAS

CHURRASCO DE CORTES ESPECIAIS
CONTRAFILÉ, FILÉ-MIGNON, BIFE DE CHORIZO

1ª EDIÇÃO • BRASIL • 2015

Título Original - **Bíblia do Churrasco – Cortes Especiais**
Copyright © Editora Escala Ltda., 2015
ISBN: 978-85-389-0205-8

Direção editorial	Ethel Santaella
Coordenação editorial	Renata Armas
Edição de arte	Natália da Cruz
Realização	We2Design
Edição de texto	Maria Helena da Fonte
Consultoria e produção culinária	Janaína Resende
Edição de arte	Jairo Bittencourt
Preparação e revisão de texto	Marcela Almeida Fregonezi
Fotografia	Danilo Tanaka, Escala Imagens e Shutterstock

livrosescala@escala.com.br

Dados Internacionais de Catalogação na Publicação (CIP)
(Câmara Brasileira do Livro, SP, Brasil)

```
Churrasco de cortes especiais / coordenação
   Renata Armas. -- 1. ed. -- São Paulo : Editora
   Escala, 2015. -- (Coleção bíblia do churrasco)

   ISBN 978-85-389-0205-8

   1. Churrasco - Culinária 2. Churrascos e
grelhados 3. Receitas I. Armas, Renata. II. Série.

15-09843                                    CDD-641.578
```

Índices para catálogo sistemático:

1. Churrasco : Culinária   641.578

Todos os direitos reservados. Nenhuma parte deste livro pode ser reproduzida por quaisquer meios existentes sem autorização por escrito dos editores e detentores dos direitos.
Av. Profª. Ida Kolb, 551, Jardim das Laranjeiras, São Paulo, CEP 02518-000
Tel.: +55 11 3855-2100 / Fax: +55 11 3857-9643
Venda de livros no atacado: tel.: +55 11 4446-7000 / +55 11 4446-7132 – vendas@escala.com.br * www.escala.com.br

Impressão e acabamento: Gráfica Araguaia

ÍNDICE

SEGREDOS DO CHURRASCO
Conheça os cortes bovinos................................6
Seis regras de ouro para comprar....................9

RECEITAS
Bife de chorizo ao molho de vinho 12
Bife de chorizo e pupunha grelhados.............14
Contrafilé recheado...16
Espetinhos de contrafilé..................................18
Contrafilé recheado com provolone...............20
Contrafilé com ervas finas...............................22
Filé-mignon com bacon na brasa 24
Filé-mignon grelhado ao provolone................26
Medalhão de filé-mignon com bacon.............28
Filé-mignon recheado com queijo coalho 30
Bananinha do contrafilé
com bacon no espeto......................................32
Bananinha com ervas finas 34
Entrecote na brasa com chimichurri e aligot ..36
Medalhão de entrecote com palmito.............38
Bife ancho com molho
chimichurri caseiro..40
T-Bone..42
Bife ancho..44
Medalhão de filé-mignon na brasa 46

CHURRASCO NO DIA A DIA
Entrecote com azeite de ervas........................50
Filé-mignon com manteiga
de alecrim e pimenta rosa..............................51
Contrafilé com salsa de limão-siciliano..........52
Bife ancho com manteiga de alecrim............54
Bife de contrafilé especial 55
Filé-mignon ao molho de hortelã
com abacaxi grelhado.....................................56
Entrecote com molho de mostarda 58
T-bone com sal temperado de alecrim 59
Filé-mignon com molho inglês........................60
Medalhão de filé com purê de maçã 62
Filé-mignon com ervas finas 63
Filé-mignon ao vinho com vinagre de maçã....64
Bife de contrafilé com mix de pimentas..........66
Entrecote ao shoyu..67

MANUAL DO BOM CHURRASQUEIRO
Saiba escolher e acertar o ponto da carne 68

ACOMPANHAMENTOS
Bruschetta de alcachofra com parmesão......76
Batatinha recheada com cheddar...................77
Bolinhas de queijo recheadas com salame ...78
Pão de frios e tomate 79
Pasta de alcachofra...80
Pasta de espinafre e tomate seco...................81
Batata rosti com alho-poró ao curry 82
Batatas douradas na cebola...........................83
Fundo de alcachofra com pasta de ervas......84
Musse de palmito..85
Quiche aos cinco queijos................................86
Quiche de alho-poró com sálvia 87
Risoto de maçã e peras...................................88
Risoto de manga..89
Salada (cone) creme de acelga com queijo....90
Salada de arroz com frutas cítricas................91
Suflê de abóbora e carne-seca......................92
Suflê de alho-poró..93
Torta de cebola...94
Torta integral de brócolis................................95
Torta salgada de liquidificador 96
Molho de manjericão fresco 97
Molho de mostarda e mel..............................97

Conheça os cortes bovinos

Até alguns anos atrás acreditava-se que apenas os cortes traseiros, como picanha, fraldinha e maminha, fossem ideais para a brasa. Com o aperfeiçoamento genético e melhora no manejo do rebanho brasileiro, os dianteiros, antes conhecidos como de segunda, estão mais macios e suculentos e também servem para fazer um bom churrasco. Técnicas de corte, como a argentina e norte-americana, também são capazes de conferir sabores diferenciados a peças de uma mesma região do boi. Veja a seguir as principais delas e suas partes fundamentais:

Região da alcatra

1. PICANHA Um corte marmorizado, com característica capa de gordura, pode ser assada em uma peça única ou grelhada em partes. Quando preparada inteira, leva até 45 minutos para ficar pronta.

2. ALCATRA A versão gaúcha, servida no espeto, tem na porção superior uma parte da picanha, no centro, o miolo de alcatra, e na ponta inferior, a maminha. É um corte macio e com pouca gordura, perfeito para dar início ao churrasco, deixando as carnes mais gordurosas para o final.

BOMBOM Fica na parte do miolo de alcatra que está mais próxima da picanha, tem as mesmas características de sabor que o baby beef, sem a capa de gordura. Uma peça rende 5 porções.

BABY BEEF Este corte é retirado do miolo de alcatra, da parte mais próxima à maminha, é macio e tem uma pequena capa de gordura.

3. FRALDINHA É uma das carnes mais saborosas. Na argentina ela é o tradicional vacío; nos Estados Unidos, o skirt beef. É um corte com pouca gordura e fibras musculares bem abertas. Retire totalmente a membrana e mantenha apenas uma pequena quantidade de gordura na ponta.

4. MAMINHA Carne de sabor delicado, devido à baixa irrigação sanguínea, tem capa de gordura e sabor amanteigado.

CORAÇÃO DE PICANHA Este é um corte de aproximadamente 6 cm de grossura, feito do lado mais marmorizado da picanha, com o restante é tirado o bife de tira e steak de picanha.

BIFE DE TIRA É feito com o centro da picanha. Depois de separar o coração (que é o lado mais marmorizado), são feitas 2 a 3 tiras de 4 cm de grossura por todo o comprimento da peça.

STEAK DE PICANHA Fica do lado que tem menos marmoreio da picanha. Por ser da parte menos macia da peça, os bifes devem ter de 2 a 3 cm de espessura.

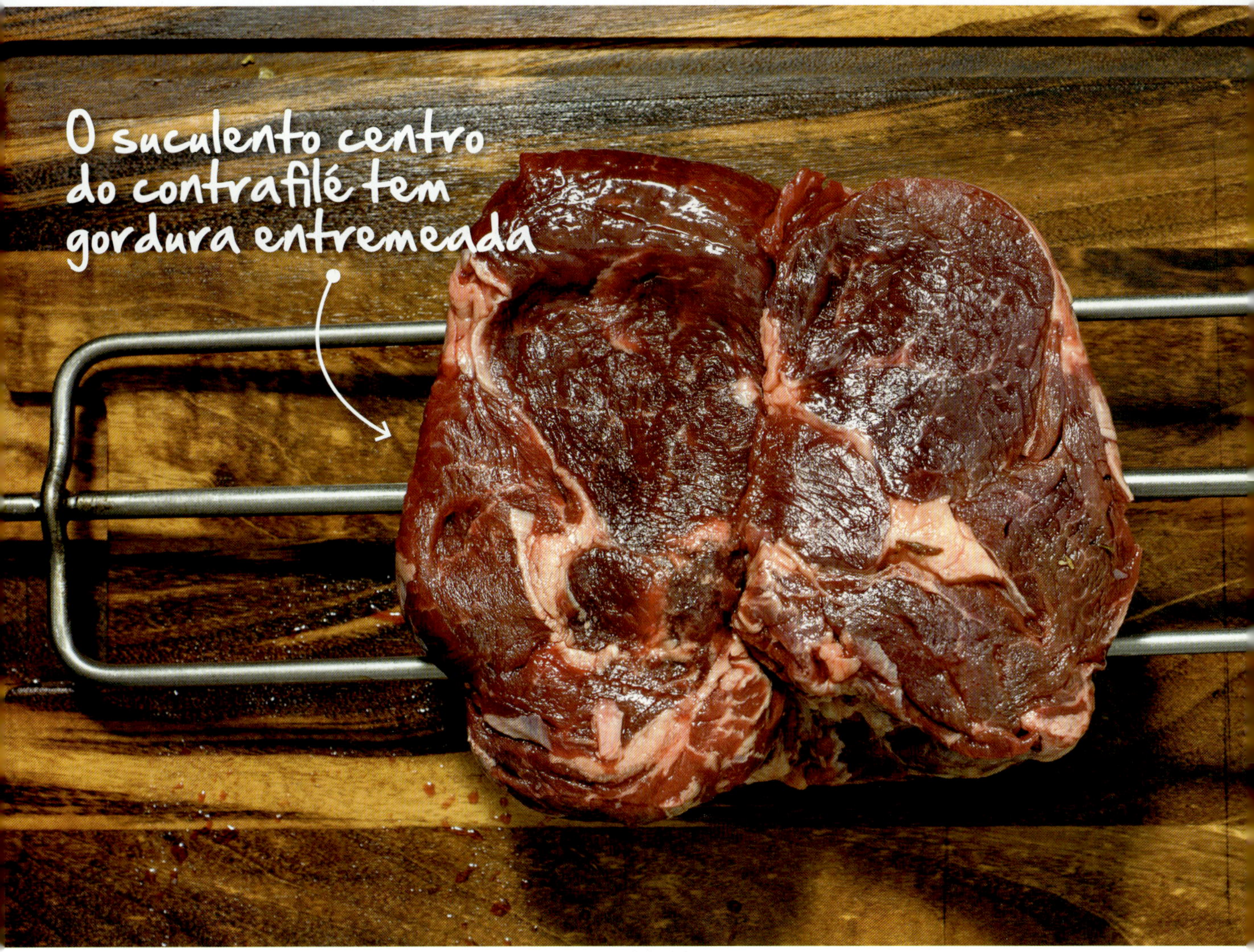

O suculento centro do contrafilé tem gordura entremeada

Região do contrafilé

1. CONTRAFILÉ O seu centro pode ser servido no espeto, como na versão gaúcha, ou ser desmembrado em diversos cortes como o bife de chorizo e o entrecôte. Localizado na região do lombo do boi, possui uma capa de gordura lateral e é uma carne marmorizada e suculenta.

BIFE ANCHO É retirado da parte central do contrafilé e mais próxima da parte dianteira do boi. Também é conhecido contrafilé alto. Tem gordura entremeada à carne e em toda a volta.

ENTRECÔTE Este corte fica no centro do contrafilé, e deve ser totalmente limpo, até ficar sem gordura. É o corte mais macio desta parte do boi. Uma peça rende até 6 porções.

OLHO DE BIFE Da mesma região usada para fazer o bife ancho, a diferença está na maneira de cortar. Retire uma fatia de mais ou menos 8 cm da parte mais próxima do dianteiro, corte

DICA DE CHURRASQUEIRO

O filé mignon é uma carne que precisa de calor forte. Coloque os medalões no fundo da churrasqueira e aperte com a mão para intensificar o contato com a grelha

essa fatia ao meio sem deixar separar as duas partes e abra. Fica perfeito na grelha.

BIFE DE CHORIZO Retirado da parte do contrafilé que está mais próxima do traseiro do boi, é uma carne que tem gordura entremeada.

BANANINHA Um pequeno pedaço entre a costela e o contrafilé. São tiras de 4 cm com gordura entremeada na carne.

2. NOIX É a continuação do contrafilé, indo em direção ao dianteiro do boi. A gordura fica no meio da carne, deixando-a extremamente suculenta. Tem sabor amanteigado devido à sua característica marmorizada.

3. FILÉ-MIGNON A melhor parte para levar à churrasqueira é o centro da peça. Macio e com pouca gordura, pode ser servido como a primeira carne do churrasco. Corte sempre contra as fibras e grelhe no fundo da churrasqueira, que é mais quente.

Região da costela e dianteiros

1. COSTELA Uma peça rica e saborosa, precisa de muitas horas de churrasqueira para ficar no ponto, por isso a opção pela cocção no bafo ou envolta em papel-alumínio ou celofane é usada para acelerar o processo. Pode demorar até 12 horas no fogo de chão para ficar pronta.

ASSADO DE TIRA ou costela de ripa são tiras da costela extraídas por meio de cortes transversais. Tem sabor acentuado.

COSTELA DO VAZIO É a parte com menos ossos da costela, tem uma camada de gordura de um lado e uma membrana do outro lado.

COSTELA CENTRAL Também conhecida como janela, tem mais ossos e é a parte mais suculenta da peça. Forma uma casquinha, o matambre, que é muito apreciado como aperitivo.

2. RAQUETE Fica logo acima do músculo, tem fibras longas e gordura concentrada. Muito saborosa, que deve ser assada lentamente.

CORAÇÃO DA PALETA Também conhecido como centro da paleta, está ao lado do peixinho e da raquete. Fica muito macio quando assado em fogo lento ou a bafo.

PEIXINHO Fica próximo ao pescoço e ao acém. Essa parte fica perfeita quando assada lentamente e cortada em fatias finas.

3. BRISKET Parte do dianteiro do boi constituída de músculos e fibras grossas e compridas. Necessita de cozimento longo em calor úmido. Usar uma churrasqueira a bafo é a melhor técnica para assar.

4. CUPIM São fibras musculares entremeadas de gordura, ficam logo atrás do pescoço dos gados zebuínos. Deve ser assado lentamente, enrolado em camadas de papel-celofane. Esse processo distribui o calor uniformemente e cozinha a carne em seus próprios líquidos.

6 regras de ouro para comprar

1 Escolha bem o estabelecimento onde vai adquirir as carnes. O local deve ter balcão frigorífico ou geladeiras fechadas com temperatura constante, peças separadas por espécies, como bovinos, suínos e aves.

2 Dê preferência para as carnes embaladas a vácuo e com o selo do Serviço de Inspeção Federal (SIF).

3 Opte pelas carnes marmorizadas, com gordura entre as fibras, que conferem sabor especial.

4 Preste atenção ao cheiro, ele deve ser agradável. Observe também a textura, rígida, que volta à forma quando é apertada com o dedo, e a cor vermelho-vivo.

5 Peças com capa de gordura, como picanha, maminha e contrafilé, devem ter uma camada homogênea, sem marcas de sangue coagulado e num tom amarelo bem claro.

6 Escolha carnes maturadas, pois o processo torna a carne mais macia e suculenta. Neste caso, a cor da carne aparece escura na embalagem, por estar concentrada, mas se torna vermelha novamente 5 minutos depois de aberta e entrar em contato com o ar.

CORTES ESPECIAIS
NOBRES, MACIOS E SUCULENTOS

A região do contrafilé oferece uma variedade de sabores e texturas que é garantia de sucesso no churrasco. A seguir uma seleção de receitas para tirar o melhor de cortes como o filé-mignon, bife de chorizo e entrecote. Bom apetite!

BIFE DE CHORIZO AO MOLHO DE VINHO

Rendimento: 5 porções
Tempo de preparo: 1h

INGREDIENTES
- 5 bifes de chorizo com 3 cm de altura
- Sal grosso triturado em grãos finos
- 8 colheres (sopa) de manteiga
- 1 colher (sopa) de cebola picada
- 1/2 colher (café) de alho picado
- 1 bouquet garni (3 galhos de salsinha, 2 folhas de louro e 1 ramo de tomilho amarrados)
- 100 ml de vinho tinto seco
- 1 colher (sopa) de açúcar
- 1/4 de colher (café) de sal
- 150 ml de água
- 1 colher (chá) de farinha de trigo

MODO DE PREPARO
- Acenda o carvão na churrasqueira e deixe o braseiro ficar uniforme, por mais ou menos 40 minutos.
- Em uma panela, aqueça três colheres de manteiga, acrescente a cebola, o alho e o bouquet garni. Refogue rapidamente, adicione o vinho e cozinhe por 2 minutos.
- Junte o açúcar, o sal e a água, diminua o fogo e cozinhe por mais 5 minutos.
- Em outra panela, aqueça duas colheres de manteiga, junte a farinha e mexa bem, até formar uma mistura levemente dourada.
- Acrescente a mistura à panela com o molho de vinho e cozinhe por mais 1 minuto.
- Retire o bouquet garni, apague o fogo e reserve.
- Passe a manteiga restante nos bifes, tempere com sal e leve à grelha a uma altura de 15 cm da brasa, até os bifes começarem a soltar líquidos.
- Vire-os, tempere com sal e deixe por mais 4 minutos ou até se desprenderem da grelha.
- Regue os bifes com o molho e sirva.

PARA HARMONIZAR COM O PRATO

O bife de chorizo com vinho combina com cervejas tipo inglesas, como a Brown Ale, que têm cor cobre, teor alcoólico de 4% a 5% e devem ser servidas entre 8°C e 12°C.

BIFE DE CHORIZO E PUPUNHA GRELHADOS

Rendimento: 5 porções
Tempo de preparo: 1h

INGREDIENTES
- 5 bifes de chorizo com 3 cm de altura
- Sal grosso triturado em grãos finos
- 1 palmito pupunha com casca
- Papel-alumínio
- Azeite de oliva a gosto
- Sal fino a gosto

MODO DE PREPARO
- Acenda o carvão na churrasqueira e deixe o braseiro ficar uniforme, por mais ou menos 40 minutos.
- Embrulhe o palmito em papel-alumínio e leve à grelha a uma altura de 40 centímetros da brasa por uma hora.
- Quando estiver próximo do palmito ficar pronto, tempere os bifes com o sal e leve à grelha a uma altura de 15 cm da brasa.
- Asse até os bifes começarem a soltar líquidos.
- Vire-os, tempere com sal e deixe por mais 4 minutos ou até se desprenderem da grelha. Reserve.
- Retire o palmito da churrasqueira, corte ao meio, tempere com sal fino e azeite.
- Sirva com a carne.

PARA HARMONIZAR COM O PRATO

O bife de chorizo preparado na grelha vai bem com cervejas do tipo India Pale Ale. De alta fermentação, têm sabor forte de lúpulo, alto teor alcoólico, que varia de 5% a 7%, e sabor refrescante

CONTRAFILÉ RECHEADO

Rendimento: 8 porções
Tempo de preparo: 1h30

INGREDIENTES
- 1 peça de contrafilé
- 400 g de linguiça toscana
- 1 xícara (chá) de muçarela cortada em cubos
- 1 cenoura média em tiras
- 1 copo de vinho tinto seco
- 4 colheres (sopa) de azeite
- 2 colheres (sopa) de alho picado
- Sal grosso em grãos finos a gosto
- Pimenta-do-reino a gosto
- 4 colheres (sopa) de azeitonas verdes picadas
- Salsa e cebolinha a gosto
- Azeite de oliva a gosto
- Barbante culinário
- Papel-alumínio

MODO DE PREPARO
- Acenda o carvão na churrasqueira e deixe o braseiro ficar uniforme, por mais ou menos 40 minutos.
- Limpe bem o contrafilé, retirando peles e excesso de gordura. Corte a peça formando uma manta, tempere com alho, vinho, sal e pimenta do reino, reserve.
- Tire a pele da linguiça e a esfarele, misture com a muçarela, a cenoura, as azeitonas e salsa e cebolinha.
- Coloque essa mistura sobre a carne, enrole como um rocambole e amarre com o barbante culinário.
- Regue com azeite e polvilhe com mais um pouco de ervas e cubra com papel-alumínio.
- Leve à grelha a uma distância de 40 cm da brasa por 40 minutos, virando de vez em quando.
- Retire o papel-alumino, baixe para 15 centímetros da brasa e doure por mais 10 minutos, virando de vez em quando.
- Faça fatias e sirva em seguida.

PARA HARMONIZAR COM O PRATO

Esta receita tem alto teor de gordura e combina muito bem com cervejas do tipo India Pale Ale. De alta fermentação, têm sabor forte de lúpulo e alto teor alcoólico, que varia de 5% a 7%

ESPETINHOS DE CONTRAFILÉ

Rendimento: 10 porções
Tempo de preparo: 1h10

INGREDIENTES
- 1 peça de contrafilé
- 250 g de tomate cereja
- 2 cebolas médias
- 2 pimentões vermelhos
- Azeite de oliva a gosto
- 1 colher (chá) de orégano seco
- Sal fino a gosto
- Espetinhos de madeira

MODO DE PREPARO
- Acenda o carvão na churrasqueira e deixe o braseiro ficar uniforme, por mais ou menos 40 minutos.
- Limpe bem o contrafilé, retirando peles e excesso de gordura. Corte em cubos e reserve.
- Descasque as cebolas, corte em 4 pedaços e separe os gomos. Reserve.
- Corte o pimentão em quadrados. Reserve.
- Misture os vegetais e tempere com o azeite, sal e orégano.
- Monte os espetinhos intercalando cebola, pimenta, carne, tomate, cebola e pimentão.
- Coloque os espetinhos na grelha a 40 cm da brasa por 20 minutos. Vire sempre, para assar por igual.
- Sirva assim que ficarem dourados.

PARA HARMONIZAR COM O PRATO

O espetinho combina com cervejas do tipo Pale Ale, de alta fermentação e cor dourada. Têm amargor de médio a alto, sabor e aroma suaves de malte. Sirva entre 4°C e 6°C

CONTRAFILÉ RECHEADO COM PROVOLONE

Rendimento: 8 porções
Tempo de preparo: 1h30

INGREDIENTES
- 1 peça de contrafilé
- 3 dentes de alho triturados
- 1 colher (sopa) de orégano seco
- 2 colheres (sopa) de vinagre balsâmico
- Azeite de oliva a gosto
- Pimenta-do-reino a gosto
- Sal fino a gosto
- 300 g de queijo provolone em cubos
- Palitos
- Papel-alumínio

MODO DE PREPARO
- Acenda o carvão na churrasqueira e deixe o braseiro ficar uniforme, por mais ou menos 40 minutos.
- Limpe bem o contrafilé, retirando peles e excesso de gordura.
- Introduza uma faca bem afiada no centro da peça sem alcançar a outra extremidade, formando uma bolsa. Reserve.
- Introduza o queijo provolone apertando suavemente e feche com palitos.
- Regue a carne com o azeite e tempere com vinagre, alho, orégano, sal e pimenta-do-reino dos dois lados.
- Cubra com papel-alumínio e leve à grelha a uma altura de 40 centímetros da brasa por uma hora.
- Retire o papel-alumino, baixe para 15 centímetros da brasa e doure por mais 10 minutos, virando de vez em quando.
- Faça fatias grossas e sirva.

PARA HARMONIZAR COM O PRATO
Pratos que levam provolone harmonizam bem com cervejas do tipo Bock, que têm sabor pronunciado de malte e alto teor alcoólico, 7%. Devem ser servidas entre 7°C e 10°C

CONTRAFILÉ COM ERVAS FINAS

Rendimento: 4 porções
Tempo de preparo: 2h20

INGREDIENTES
- 4 bifes de contrafilé
- ½ xícara de azeite de oliva
- ½ xícara de molho inglês
- 4 colheres (sopa) de alho picado
- 1 colher (sopa) de vinagre de vinho tinto
- ½ colher (chá) de manjericão seco
- ½ colher (chá) de ervas finas secas
- Saco plástico culinário

MODO DE PREPARO
- Limpe bem o contrafilé, retirando peles e excesso de gordura.
- Em uma tigela, misture todos os ingredientes menos a carne, coloque a mistura em um saco plástico e reserve.
- Faça furos na carne com um garfo e coloque no saco. Feche bem e deixe marinando na geladeira por, no mínimo, 2 horas.
- Acenda o carvão na churrasqueira e deixe o braseiro ficar uniforme, por mais ou menos 40 minutos.
- Retire a carne da marinada e asse os bifes na grelha a 15 centímetros da brasa até começarem a soltar líquidos.
- Vire-os e deixe por mais 4 minutos ou até se desprenderem da grelha.
- Sirva em seguida.

PARA HARMONIZAR COM O PRATO
Este prato combina com cervejas tipo alemãs de baixa fermentação, como as Schwarzbier, que têm sabor frutal e amargor médio. Elas devem ser servidas entre 8°C e 12°C

FILÉ-MIGNON COM BACON NA BRASA

Rendimento: 6 porções
Tempo de preparo: 1h30

INGREDIENTES
- 1 peça de filé-mignon inteira
- 4 colheres (chá) de páprica picante
- Sal fino e pimenta-do-reino a gosto
- 400 g de bacon fatiado bem fino
- Palitos

MODO DE PREPARO
- Acenda o carvão na churrasqueira e deixe o braseiro ficar uniforme, por mais ou menos 40 minutos.
- Pegue a peça de filé já limpa e separe em três partes.
- Corte cada uma de maneira que forme uma manta.
- Tempere os pedaços com a páprica, passando dos dois lados, e deixe descansar por 10 minutos.
- Polvilhe cada manta dos dois lados, com sal e pimenta-do-reino a gosto.
- Abra a carne e distribua as fatias de bacon, enrole como um rocambole e feche com palitos.
- Coloque em um espeto duplo e asse em fogo bem forte a 60 cm da brasa por 30 minutos, virando sempre.
- Retire da brasa, espere alguns minutos, fatie e sirva em seguida.

PARA HARMONIZAR COM O PRATO
Esta receita combina com uma cerveja do estilo belga Tripel, que tem sabor frutado e condimentado e teor alcoólico alto. Deve ser servida entre 8°C e 12°C

FILÉ-MIGNON GRELHADO AO PROVOLONE

Rendimento: 4 porções
Tempo de preparo: 1h

INGREDIENTES
- 1 kg de filé-mignon
- 200 g de queijo provolone
- Sal fino e pimenta-do-reino a gosto

MODO DE PREPARO
- Acenda o carvão na churrasqueira e deixe o braseiro ficar uniforme, por mais ou menos 40 minutos.
- Corte o filé-mignon em medalhões de 3 cm de altura.
- Tempere com sal fino e pimenta-do-reino em apenas um dos lados.
- Leve à grelha com a parte temperada virada para cima.
- Vire quando a carne começar a soltar líquidos.
- Coloque o queijo sobre os medalhões e deixe grelhando até o queijo derreter.
- Sirva em seguida.

PARA HARMONIZAR COM O PRATO

O aroma defumado do provolone pede uma cerveja do tipo Bock, que tem sabor pronunciado de malte e alto teor alcoólico, 7%. Deve ser servida entre 7°C e 10°C

MEDALHÃO DE FILÉ-MIGNON COM BACON

Rendimento: 6 porções
Tempo de preparo: 1h

INGREDIENTES
- 1 peça de filé-mignon
- Sal fino a gosto
- Pimenta-do-reino a gosto
- 250 g de bacon em fatias finas

MODO DE PREPARO
- Acenda o carvão na churrasqueira e deixe o braseiro ficar uniforme, por mais ou menos 40 minutos.
- Corte o filé-mignon em medalhões de 5 cm de altura.
- Envolva as laterais de cada medalhão com uma fatia de bacon. Faça isso com todos os pedaços de carne.
- Tempere com sal e pimenta-do-reino.
- Leve para a grelha a uma distância de 40 cm da brasa, virando com frequência, para assar por igual.
- Quando a carne começar a soltar líquidos, mantenha mais 5 minutos e retire da brasa.
- Sirva em seguida.

PARA HARMONIZAR COM O PRATO

Carnes com bacon pedem uma cerveja encorpada e com boa potência alcoólica, como a Strong Dark Ale, que tem sabor amargo. Deve ser servida entre 10°C e 13°C

FILÉ-MIGNON RECHEADO COM QUEIJO COALHO

Rendimento: 6 porções
Tempo de preparo: 1h20

INGREDIENTES
- 1 peça de filé-mignon
- Sal fino e pimenta-do-reino branca a gosto
- 3 bastões de queijo coalho
- Azeite de oliva a gosto
- Barbante culinário

MODO DE PREPARO
- Acenda o carvão na churrasqueira e deixe o braseiro ficar uniforme, por mais ou menos 40 minutos.
- Com uma faca, faça um corte de 2 centímetros no centro do filé no sentido do comprimento, vá cortando delicadamente por toda a volta, mantendo a espessura, de forma a conseguir um bife grande, como uma manta.
- Tempere com sal e pimenta-do-reino.
- Arrume no centro os bastões de queijo coalho e enrole como um rocambole.
- Amarre bem com o barbante próprio, pincele a carne com azeite e leve à grelha, a 15 cm de distância da brasa. Asse por 25 minutos, virando a peça com frequência para que fique assada por igual.
- Retire do fogo e sirva.

PARA HARMONIZAR COM O PRATO

Carnes com pouca gordura harmonizam com cervejas do tipo Vienna Lager. A forte presença de malte harmoniza perfeitamente com carnes magras. Tem cor entre o vermelho-claro e o cobre. Sirva entre 4°C e 6°C

BANANINHA DO CONTRAFILÉ COM BACON NO ESPETO

Rendimento: 6 porções
Tempo de preparo: 1h

INGREDIENTES
- 1,2 kg de bananinha do contrafilé
- Azeite a gosto
- Sal fino a gosto
- 200 g de bacon em cubos
- Espetinhos de madeira

MODO DE PREPARO
- Acenda o carvão na churrasqueira e deixe o braseiro ficar uniforme, por mais ou menos 40 minutos.
- Corte as bananinhas em cubos e tempere com o azeite e o sal. Reserve.
- Espete os cubos de bananinhas nos espetinhos intercalando com o bacon.
- Leve os espetinhos à grelha a 40 cm de distância da brasa, virando sempre, até a carne ficar bem dourada.
- Sirva em seguida.

PARA HARMONIZAR COM O PRATO

Carnes com bacon pedem uma cerveja encorpada e com boa potência alcoólica, como a Strong Dark Ale, que tem sabor amargo. Deve ser servida entre 10°C e 13°C

BANANINHA COM ERVAS FINAS

Rendimento: 6 porções
Tempo de preparo: 1h10

INGREDIENTES
- 1,2 kg de bananinha do contrafilé
- 6 colheres (sopa) de azeite de oliva
- 1 colher (sopa) de salsinha desidratada
- 1 colher (sopa) de manjericão desidratado
- 1 colher (sopa) de alecrim desidratado
- Sal fino a gosto

MODO DE PREPARO
- Acenda o carvão na churrasqueira e deixe o braseiro ficar uniforme, por mais ou menos 40 minutos.
- Em uma recipiente, misture o azeite, salsinha, manjericão, alecrim e sal.
- Espalhe a mistura sobre as bananinhas e leve à grelha, a 40 cm de distância da brasa, virando sempre por 25 minutos ou até a carne ficar bem dourada.
- Sirva em seguida.

PARA HARMONIZAR COM O PRATO

Carnes com gordura combinam muito bem com cervejas do tipo India Pale Ale. De alta fermentação, têm sabor forte de lúpulo e alto teor alcoólico, que varia de 5% a 7%

ENTRECOTE NA BRASA COM CHIMICHURRI E ALIGOT

Rendimento: 6 porções • Tempo de preparo: 1h10

INGREDIENTES
- 1,2 kg de entrecote
- 30 g de mix para chimichurri
- ½ xícara de azeite de oliva
- 1 colher (sopa) de vinagre de vinho branco
- 1 kg de batatas
- 400 g de queijo gruyère ralado
- 2 dentes de alho picados
- 250 g de manteiga sem sal
- 200 g de creme de leite fresco
- Sal e pimenta-do-reino moída a gosto
- Barbante culinário
- Pano limpo

MODO DE PREPARO
- Acenda o carvão na churrasqueira e deixe o braseiro ficar uniforme, por mais ou menos 40 minutos.
- Misture o chimichurri seco com o azeite, o vinagre e tempere com sal. Reserve.
- Limpe a peça de entrecote e separe em bifes de 3 cm, forme medalhões, amarre com o barbante. Reserve.
- Para preparar o aligot, lave bem as batatas e leve-as para cozinhar com a casca, em água temperada com sal.
- Estarão no ponto quando a casca começar a rachar.
- Retire do fogo, escorra a água e descasque, uma a uma, usando um pano limpo e seco para não queimar as mãos.
- Amasse as batatas com um espremedor por duas vezes, depois passe por uma peneira e reserve.
- Corte os dentes de alho ao meio e passe pelo fundo e laterais de uma panela média de fundo grosso. Descarte o alho que sobrou.
- Derreta a manteiga em fogo baixo, coloque a batata peneirada, o creme de leite fresco e mexa bem até que fique homogêneo.
- Adicione o queijo lentamente, a própria temperatura do purê vai derreter os queijos. Continue mexendo.
- O ponto certo é quando a massa do aligot estiver puxa-puxa. Desligue o fogo e reserve em local quente.
- Leve os medalhões à churrasqueira a uma distância de 15 cm da brasa. Quando a carne começar a soltar líquidos, vire.
- Deixe mais 3 minutos ou até a carne se soltar da grelha. Retire da brasa e sirva acompanhada do aligot e temperada com o molho chimichurri.

PARA HARMONIZAR COM
O entrecote na brasa vai bem com cervejas do estilo Vienna Lager, uma bebida leve, com sabor e aroma de malte. Sirva entre 4°C e 7°C

MEDALHÃO DE ENTRECOTE COM PALMITO

Rendimento: 6 porções
Tempo de preparo: 1h10

INGREDIENTES
- 1,2 kg de entrecote
- 1 palmito pupunha
- Papel-alumínio
- 20 g de alcaparras
- 6 colheres (sopa) de manteiga
- Barbante culinário

MODO DE PREPARO
- • Limpe a peça de entrecote e separe em bifes de 3 cm, forme medalhões, amarre com o barbante. Reserve.
- Acenda o carvão na churrasqueira e deixe o braseiro ficar uniforme, por mais ou menos 40 minutos.
- Embrulhe o palmito em papel-alumínio leve à grelha a uma altura de 40 centímetros da brasa por uma hora.
- Misture as alcaparras com a manteiga e reserve.
- Quando estiver próximo do palmito ficar pronto, tempere os bifes com o sal e leve à grelha a uma altura de 15 cm da brasa. Asse até os bifes começarem a soltar líquidos.
- Vire-os, tempere com sal e deixe por mais 4 minutos ou até se desprenderem da grelha.
- Retire o palmito da churrasqueira, corte ao meio e tempere com a mistura de alcaparras e manteiga.
- Sirva em seguida.

PARA HARMONIZAR COM O PRATO
Carnes com pouca gordura harmonizam com cervejas do tipo Vienna Lager. A forte presença de malte harmoniza perfeitamente com carnes magras. Tem cor entre o vermelho-claro e o cobre. Sirva entre 4°C e 6°C

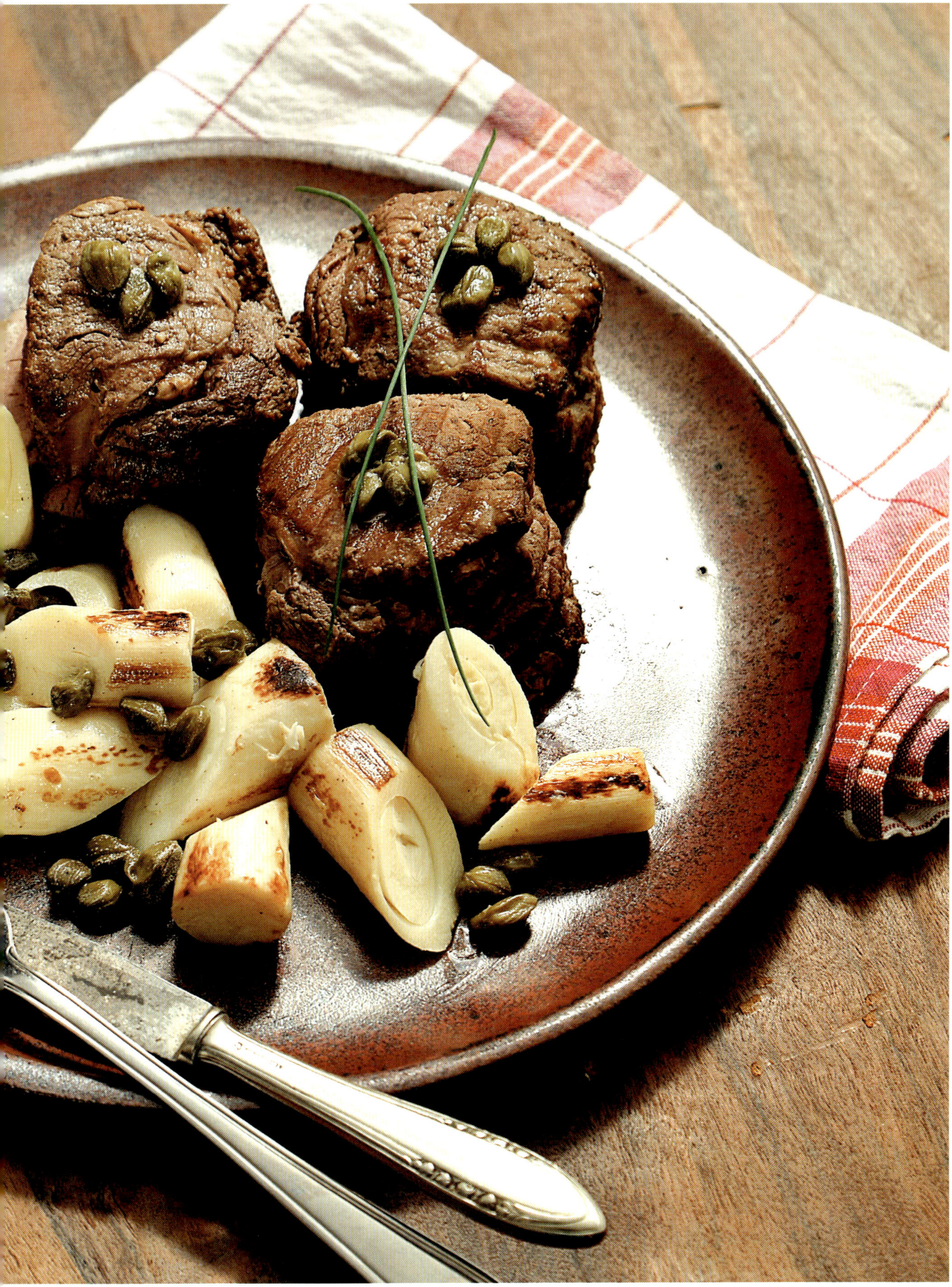

BIFE ANCHO COM MOLHO CHIMICHURRI CASEIRO

Rendimento: 6 porções
Tempo de preparo: 1h10 (mais 12 horas)

INGREDIENTES
- 1,2 kg de bife ancho
- ½ xícara (chá) de sal grosso triturado em grãos finos
- 2 colheres (sopa) de azeite
- 1 colher (sopa) de sal refinado

INGREDIENTES DO CHIMICHURRI
- 1 e ½ maço de salsinha picado
- 3 dentes de alho bem picados
- ½ cebola pequena bem picada
- ½ colher (chá) de sal
- ½ colher (chá) de pimenta calabresa
- 2 colheres (sopa) de vinagre de vinho tinto
- 1 colher (sopa) de suco de limão
- 1 e ½ xícara (chá) de azeite

MODO DE PREPARO
- Misture todos os ingredientes do chimichurri e deixe descansar por 12 horas na geladeira.
- Acenda o carvão na churrasqueira e deixe o braseiro ficar uniforme, por mais ou menos 40 minutos.
- Corte o bife ancho em fatias de 5 cm, tempere com o sal grosso e leve à grelha a uma altura de 15 cm da brasa.
- Asse até os bifes começarem a soltar líquidos.
- Vire-os, tempere com sal e deixe por mais 4 minutos ou até se desprenderem da grelha.
- Retire os bifes da grelha e corte em tiras.
- Sirva em seguida com o molho chimichurri.

PARA HARMONIZAR COM O PRATO

Carnes bem temperadas harmonizam com cervejas de sabor maltado, como as Bohemian Pilsen, que têm baixa fermentação e devem ser servidas geladas, entre 0°C e 4°C

Cortes Especiais | Bíblia do Churrasco | 41

T-BONE
Rendimento: 4 porções
Tempo de preparo: 1h

INGREDIENTES
- 4 T-Bones
- Sal grosso triturado em grãos finos
- Pimenta-do-reino a gosto

MODO DE PREPARO
- Acenda o carvão na churrasqueira e deixe o braseiro ficar uniforme, por mais ou menos 40 minutos.
- Faça uma pequena incisão ao lado do osso e tempere a carne com sal grosso.
- Leve à gelha, colocando no fundo da churrasqueira a uma distância de 15 cm da brasa. Quando a carne ganhar corpo, começar a soltar líquidos e formar uma crosta é o momento de virar. Deixe mais 4 minutos e está pronta.

PARA HARMONIZAR COM O PRATO

O T-bone preparado na grelha vai bem com cervejas do tipo India Pale Ale. De alta fermentação, têm sabor forte de lúpulo, alto teor alcoólico, que varia de 5% a 7%, e sabor refrescante

Cortes Especiais | Bíblia do Churrasco | 43

BIFE ANCHO

Rendimento: 4 porções
Tempo de preparo: 50 minutos

INGREDIENTES
- 4 bifes com 2 cm de altura
- Sal grosso triturado em grãos médios a gosto

MODO DE PREPARO
- Acenda o carvão na churrasqueira e deixe o braseiro ficar uniforme, por mais ou menos 40 minutos.
- Tempere os bifes com sal grosso e leve à grelha, a uma altura de 15 cm da brasa.
- Vire quando a carne começar a soltar líquidos, deixe mais 3 minutos ou até desgrudar da grelha.
- Retire da churrasqueira e deixe descansar 3 minutos antes de fatiar.

Carnes marmorizadas, como o bife ancho, combinam muito bem com cervejas do tipo India Pale Ale. De alta fermentação, têm sabor forte de lúpulo e alto teor alcoólico, que varia de 5 a 7%

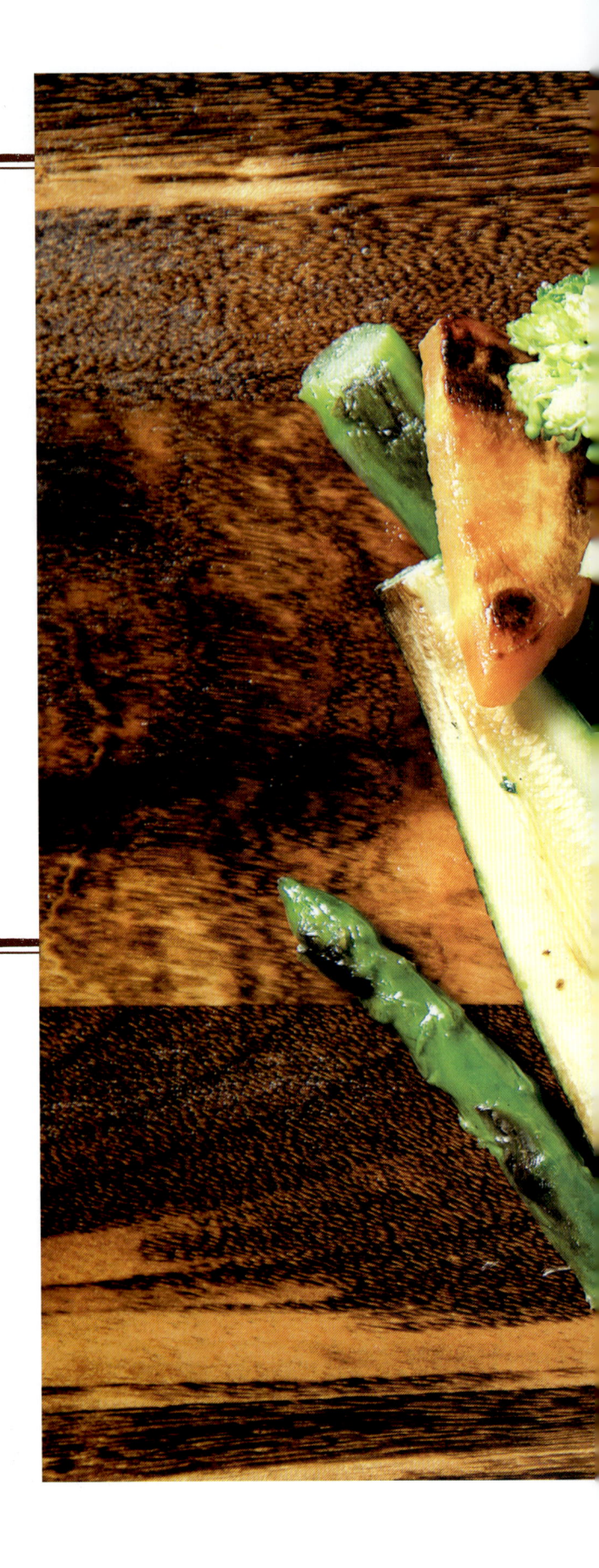

PARA HARMONIZAR COM O PRATO

Cortes Especiais | Bíblia do Churrasco | 45

MEDALHÃO DE FILÉ-MIGNON NA BRASA

Rendimento: 4 porções
Tempo de preparo: 50 minutos

INGREDIENTES
- 4 medalhões com 2 cm de altura
- Sal fino a gosto

MODO DE PREPARO
- Acenda o carvão na churrasqueira e deixe o braseiro ficar uniforme, por mais ou menos 40 minutos.
- Tempere os medalhões com sal e leve à grelha, a uma altura de 15 cm da brasa.
- Vire quando a carne estiver com a metade assada, deixe mais 3 minutos ou até a desgrudar da grelha.
- Retire da churrasqueira e deixe descansar 3 minutos antes de servir.

PARA HARMONIZAR COM O PRATO

Carnes com pouca gordura harmonizam com cervejas do tipo Vienna Lager. A forte presença de malte harmoniza perfeitamente com carnes magras. Tem cor entre o vermelho-claro e o cobre. Sirva entre 4°C e 6°C

Cortes Especiais | Bíblia do Churrasco | 47

CHURRASCO NO DIA A DIA

Uma seleção de receitas deliciosas e superfáceis de fazer – tanto na grelha da churrasqueira como no fogão da sua casa. Afinal, uma boa carne grelhada é pedida certa para agradar a toda a família! Aproveite e bom apetite

Cortes Especiais | Bíblia do Churrasco | 49

ENTRECOTE COM AZEITE DE ERVAS

Rendimento: 8 porções
Tempo de preparo: 1h45

INGREDIENTES
- 1 peça de entrecote
- ⅓ de xícara (chá) de azeite de oliva
- 1 e ½ colher (sopa) de sal fino
- ¼ de xícara (chá) de mix de ervas secas
- Ervas finas para decorar

MODO DE PREPARO
- Acenda o carvão na churrasqueira e deixe o braseiro ficar uniforme, por mais ou menos 40 minutos.
- Limpe bem a carne e corte em bifes grossos. Reserve.
- Misture o azeite, o sal e o mix de ervas. Espalhe a mistura por toda a carne.
- Leve os bifes para a grelha, a uma distância de 15 cm da brasa. Quando a carne começar a soltar líquido é hora de virar. Deixe por mais 10 minutos e estará pronto para servir.

FILÉ-MIGNON COM MANTEIGA DE ALECRIM E PIMENTA ROSA

Rendimento: 8 porções
Tempo de preparo: 1h

INGREDIENTES
- 1 kg de medalões de filé-mignon
- 100 g de manteiga sem sal
- 2 colheres (sopa) de alecrim
- 1 colher (sopa) de pimenta rosa triturada
- sal fino a gosto

MODO DE PREPARO
- Acenda o carvão na churrasqueira e deixe o braseiro ficar uniforme, por mais ou menos 40 minutos.
- Misture a manteiga com o alecrim num processador de alimentos e reserve.
- Leve os medalões para a grelha, a uma distância de 15 cm da brasa.
- Tempere com o sal. Quando a carne começar a soltar líquido é hora de virar.
- Tempere com mais sal e deixe por 10 minutos e estará pronto para servir.
- Retire da churrasqueira e deixe descansar por 3 minutos.
- Espalhe a mistura de manteiga, polvilhe com a pimenta e sirva em seguida.

CONTRAFILÉ COM SALSA DE LIMÃO SICILIANO

Rendimento: 8 porções
Tempo de preparo: 1h30

INGREDIENTES
- 1 peça do centro do contrafilé
- Sal grosso em grãos médios
- ½ xícara (chá) de salsinha picada
- ½ xícara (chá) de azeite de oliva
- 1 e ½ colher (sopa) de suco de limão-siciliano
- 1 colher (sopa) de raspas de limão-siciliano
- Sal fino a gosto

MODO DE PREPARO
- Acenda o carvão na churrasqueira e deixe o braseiro ficar uniforme, por mais ou menos 40 minutos.
- Em um recipiente, junte a salsinha, o azeite, o suco e as raspas de limão. Tempere com sal a gosto e reserve.
- Tempere bem o contrafilé com sal grosso e disponha na grelha a uma altura de 40 cm da brasa, virando sempre. Asse por 45 minutos.
- Desça a carne para 15 cm e deixe mais 5 minutos ou até dourar.
- Retire da churrasqueira e espere 3 minutos antes de fatiar.
- Sirva com a salsa de limão.

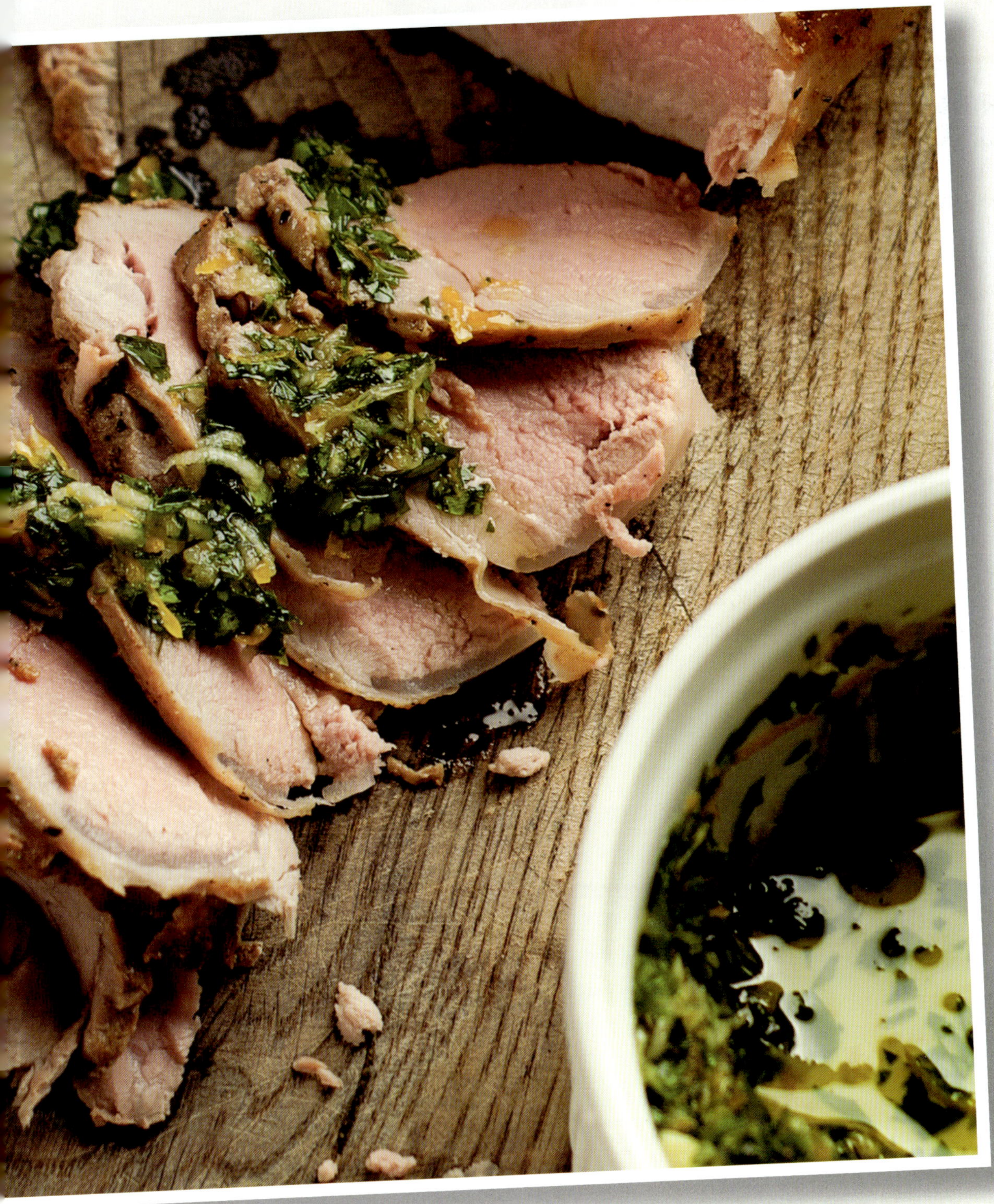

BIFE ANCHO COM MANTEIGA DE ALECRIM

Rendimento: 5 porções
Tempo de preparo: 1h45

INGREDIENTES
- 5 bifes ancho
- 100 g de manteiga sem sal
- 2 colheres (sopa) de alecrim
- Sal grosso em grãos médios a gosto

MODO DE PREPARO
- Acenda o carvão na churrasqueira e deixe o braseiro ficar uniforme, por mais ou menos 40 minutos.
- Misture a manteiga com o alecrim num processador de alimentos e reserve.
- Leve os bifes para a grelha, a uma distância de 15 cm da brasa. Quando a carne começar a soltar líquido é hora de virar. Deixe por mais 10 minutos.
- Retire da churrasqueira e deixe descansar por 3 minutos.
- Espalhe a mistura de manteiga por toda a carne e sirva em seguida.

BIFE DE CONTRAFILÉ ESPECIAL

Rendimento: 8 porções
Tempo de preparo: 1h10

INGREDIENTES
- 1 kg de contrafilé cortado em bifes
- 3 dentes de alho processados
- Sal fino a gosto
- 1 colher (chá) de molho inglês
- 2 colheres (sopa) de manteiga sem sal
- 1 lata de creme de leite
- 2 sachês de caldo de carne
- 100 g de muçarela fatiada
- 1 tomate médio cortado em rodelas

MODO DE PREPARO
- Acenda o carvão na churrasqueira e deixe o braseiro ficar uniforme, por mais ou menos 40 minutos.
- Tempere os bifes com o tempero vermelho, o alho e o molho inglês. Reserve.
- Derreta a manteiga em fogo baixo, junte o creme de leite e o caldo de carne. Misture bem até obter um creme homogêneo. Reserve.
- Leve os bifes para a grelha, a uma distância de 15 cm da brasa. Quando a carne começar a soltar líquido é hora de virar. Deixe por mais 10 minutos.
- Retire da churrasqueira, acomode a carne em uma assadeira, regue com o molho, distribua as fatias de muçarela e os tomates. Coloque a assadeira sobre a grelha e aguarde o queijo derreter. Sirva em seguida.

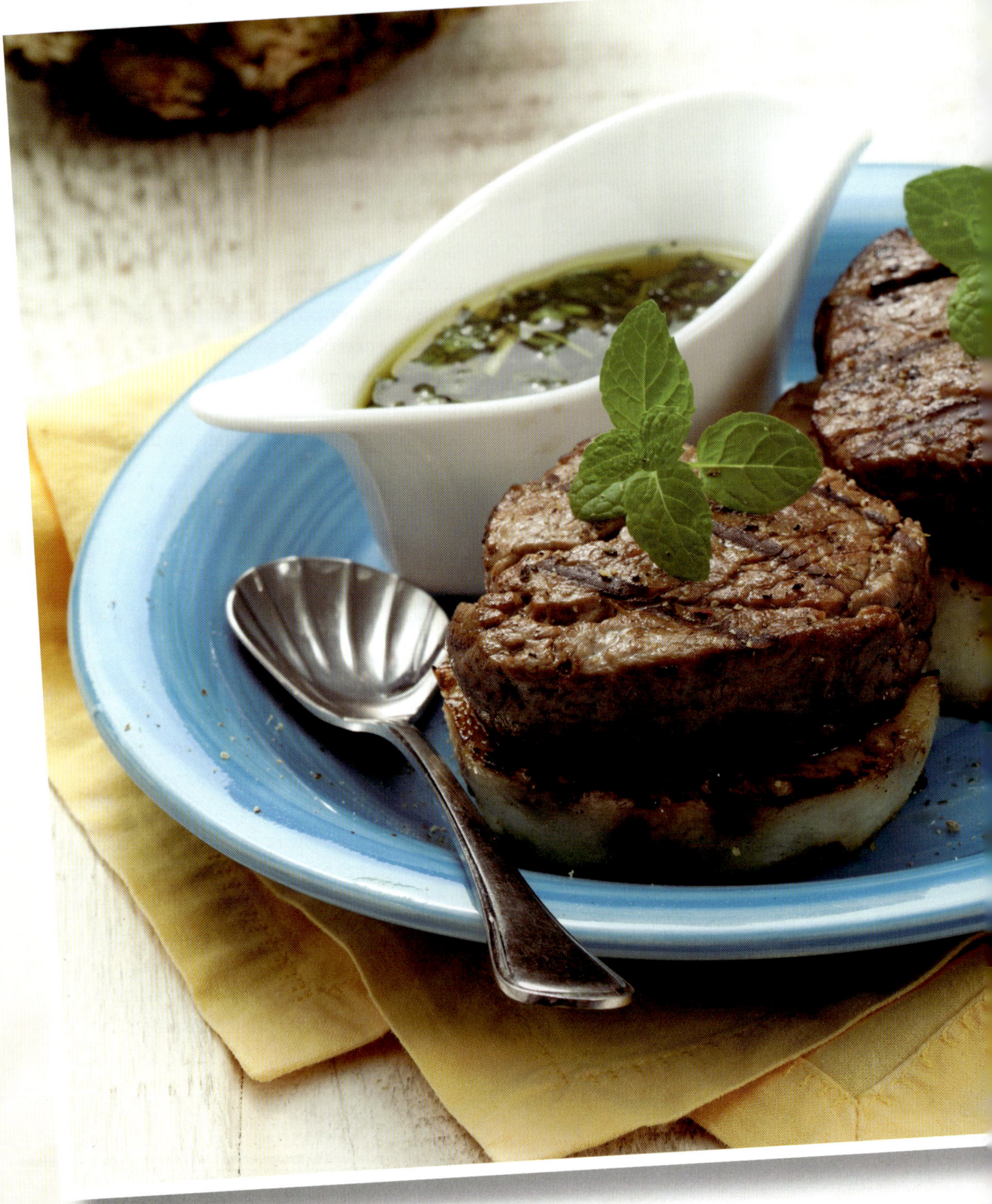

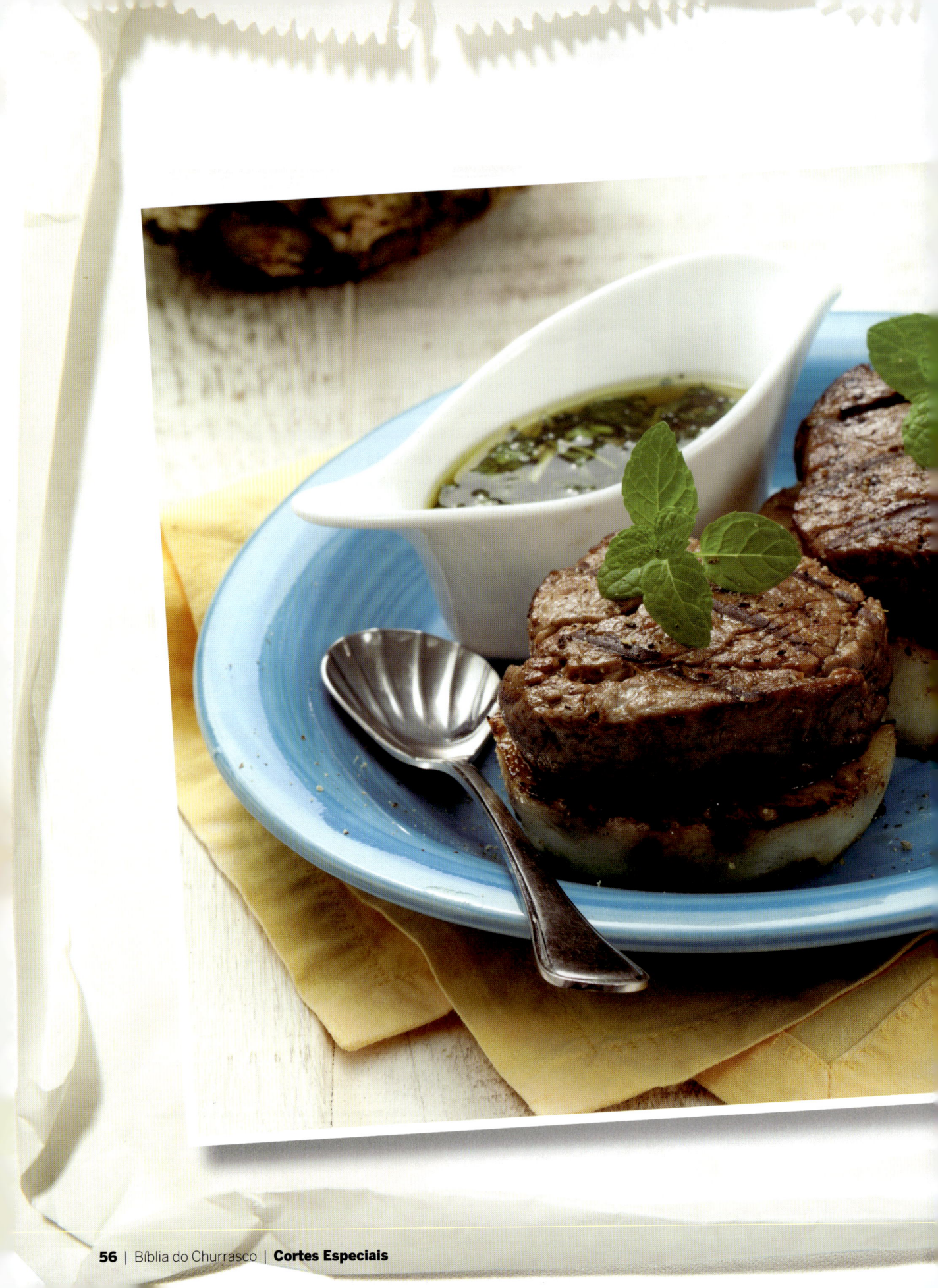

FILÉ-MIGNON AO MOLHO DE HORTELÃ COM ABACAXI GRELHADO

Rendimento: 5 porções
Tempo de preparo: 1h

INGREDIENTES
- 5 medalhões de filé-mignon
- Azeite de oliva extravirgem
- 5 rodelas de abacaxi
- Sal fino e pimenta-do-reino a gosto
- 10 folhas de hortelã frescas

MODO DE PREPARO
- Acenda o carvão na churrasqueira e deixe o braseiro ficar uniforme, por mais ou menos 40 minutos.
- Pincele as fatias de abacaxi com o azeite, leve à grelha por 5 minutos, virando uma vez para grelhar por igual. Reserve.
- Tempere os medalhões com sal, pimenta e o azeite e deixe tomar gosto por 10 minutos.
- Leve a carne para a grelha, a uma distância de 15 cm da brasa. Quando a carne começar a soltar líquido é hora de virar. Deixe por mais 10 minutos e retire da brasa.
- Enquanto o filé fica pronto, aqueça um pouco de azeite em uma frigideira, junte as folhas de hortelã picadas grosseiramente com as mãos e deixe por um minuto.
- Em um prato, coloque a fatia de abacaxi e sobre ela o filé. Regue com o molho e sirva em seguida.

ENTRECOTE COM MOLHO DE MOSTARDA

Rendimento: 8 porções
Tempo de preparo: 1h30

INGREDIENTES
- 4 filés de entrecote
- 1 colher (sopa) de azeite de oliva
- Sal fino e pimenta-do-reino a gosto
- 1 pires (chá) de salsinha fresca
- 1 pires (chá) de manjericão fresco
- 4 dentes de alho picados
- 5 colheres (sopa) de molho de mostarda
- 3 colheres (sopa) de creme de leite

MODO DE PREPARO
- Acenda o carvão na churrasqueira e deixe o braseiro ficar uniforme, por mais ou menos 40 minutos.
- Em um processador, bata a salsinha, o manjericão, o alho e um pouco de sal até que vire um creme verde.
- Aqueça o azeite em uma panela, adicione o creme verde e o molho de mostarda. Misture por alguns minutos e acrescente o creme de leite. Tempere com sal e pimenta-do-reino e reserve em local aquecido.
- Leve os bifes para a grelha, a uma distância de 15 cm da brasa. Tempere com sal e pimenta. Quando a carne começar a soltar líquido é hora de virar. Coloque mais um pouco de sal e pimenta e deixe por mais 3 minutos. Regue com o molho e sirva.

T-BONE COM SAL TEMPERADO DE ALECRIM

Rendimento: 6 porções
Tempo de preparo: 2h

INGREDIENTES
- 6 T-bones
- 4 colheres (sopa) de folhas de alecrim
- 1 colher (sopa) de pimenta-do-reino em grãos
- ¼ de xícara (chá) de sal grosso

MODO DE PREPARO
- Acenda o carvão na churrasqueira e deixe o braseiro ficar uniforme, por mais ou menos 40 minutos.
- No liquidificador, triture rapidamente o alecrim, a pimenta e o sal grosso.
- Faça uma pequena incisão ao lado do osso e espalhe a mistura pela carne.
- Leve à gelha, colocando no fundo da churrasqueira a uma distância de 15 cm da brasa. Quando a carne ganhar corpo, começar a soltar líquidos e formar uma crosta é o momento de virar. Deixe mais 4 minutos e está pronta.

FILÉ-MIGNON COM MOLHO INGLÊS

Rendimento: 6 porções
Tempo de preparo: 1h30

INGREDIENTES
- 1 peça de filé-mignon
- 3 colheres (sopa) de azeite de oliva
- 3 colheres (sopa) de molho inglês
- 1 colher (chá) de pimenta rosa em grãos
- Sal fino a gosto
- Barbante próprio para culinária

MODO DE PREPARO
- Acenda o carvão na churrasqueira e deixe o braseiro ficar uniforme, por mais ou menos 40 minutos.
- Em um recipiente misture o azeite, o molho inglês e a pimenta triturada grosseiramente em um pilão.
- Corte a carne em medalhões e mergulhe na mistura de azeite e molho inglês. Deixe marinar por 5 minutos.
- Amarre o barbante em volta dos medalhões para que os sabores fiquem bem concentrados.
- Leve a carne para a grelha, a uma distância de 15 cm da brasa.
- Tempere com sal fino.
- Quando a carne começar a soltar líquidos é hora de virar.
- Tempere com mais sal e deixe por 10 minutos e estará pronto.

Cortes Especiais | Bíblia do Churrasco | 61

MEDALHÃO DE FILÉ COM PURÊ DE MAÇÃ

Rendimento: 4 porções
Tempo de preparo: 1h

INGREDIENTES
- 4 medalhões de filé-mignon
- Sal fino a gosto
- 1 e ½ xíc. (chá) de maçãs vermelhas
- ½ limão
- 2 xíc. (chá) de água
- ¼ de xíc. (chá) de leite desnatado
- ½ col. (sopa) de açúcar
- 1 pitada de canela em pó

MODO DE PREPARO
- Acenda o carvão na churrasqueira e deixe o braseiro ficar uniforme, por mais ou menos 40 minutos.
- Descasque as maçãs e coloque em uma panela com a água e cozinhe-as até amolecerem. Escorra e bata as maçãs no liquidificador até obter um creme.
- Despeje o creme obtido em uma panela, junte o leite, o açúcar e a canela. Misture bem e cozinhe em fogo baixo por 3 minutos. Reserve.
- Leve a carne para a grelha, a uma distância de 15 cm da brasa.
- Tempere com sal fino.
- Quando a carne começar a soltar líquidos é hora de virar. Tempere com mais sal e deixe por 10 minutos. Retire da brasa e deixe descansar por 3 minutos.
- Coloque o purê em um prato, acomode o medalhão em cima e sirva.

FILÉ-MIGNON COM ERVAS FINAS

Rendimento: 8 porções
Tempo de preparo: 1h30

INGREDIENTES
- **1 miolo de filé-mignon**
- **½ xícara (chá) de sal grosso**
- **3 colheres (sopa) de alecrim desidratado**
- **3 colheres (sopa) de orégano desidratado**
- **3 colheres (sopa) de manjericão desidratado**

MODO DE PREPARO
- Acenda o carvão na churrasqueira e deixe o braseiro ficar uniforme, por mais ou menos 40 minutos.
- Bata no liquidificador o sal grosso, o alecrim, o orégano e o manjericão.
- Limpe bem a peça e espalhe o sal de ervas finas.
- Leve à churrasqueira, a 15 cm da brasa, por 5 minutos, até selar.
- Com a parte de trás da faca, retire o excesso de sal e leve a uma distância de 40 cm do fogo.
- Asse por 30 minutos, virando sempre.
- Retire a carne do fogo e sirva em seguida.

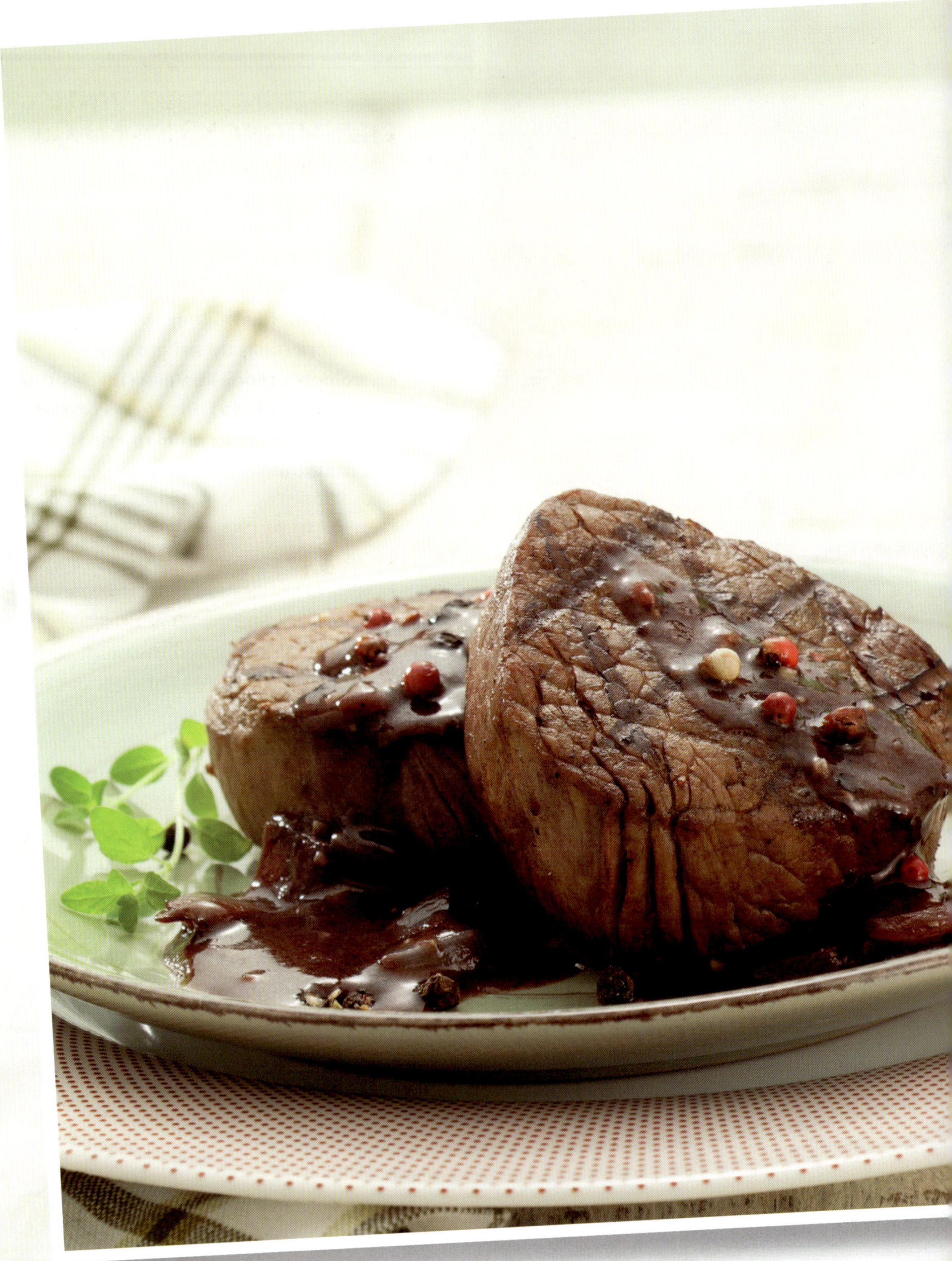

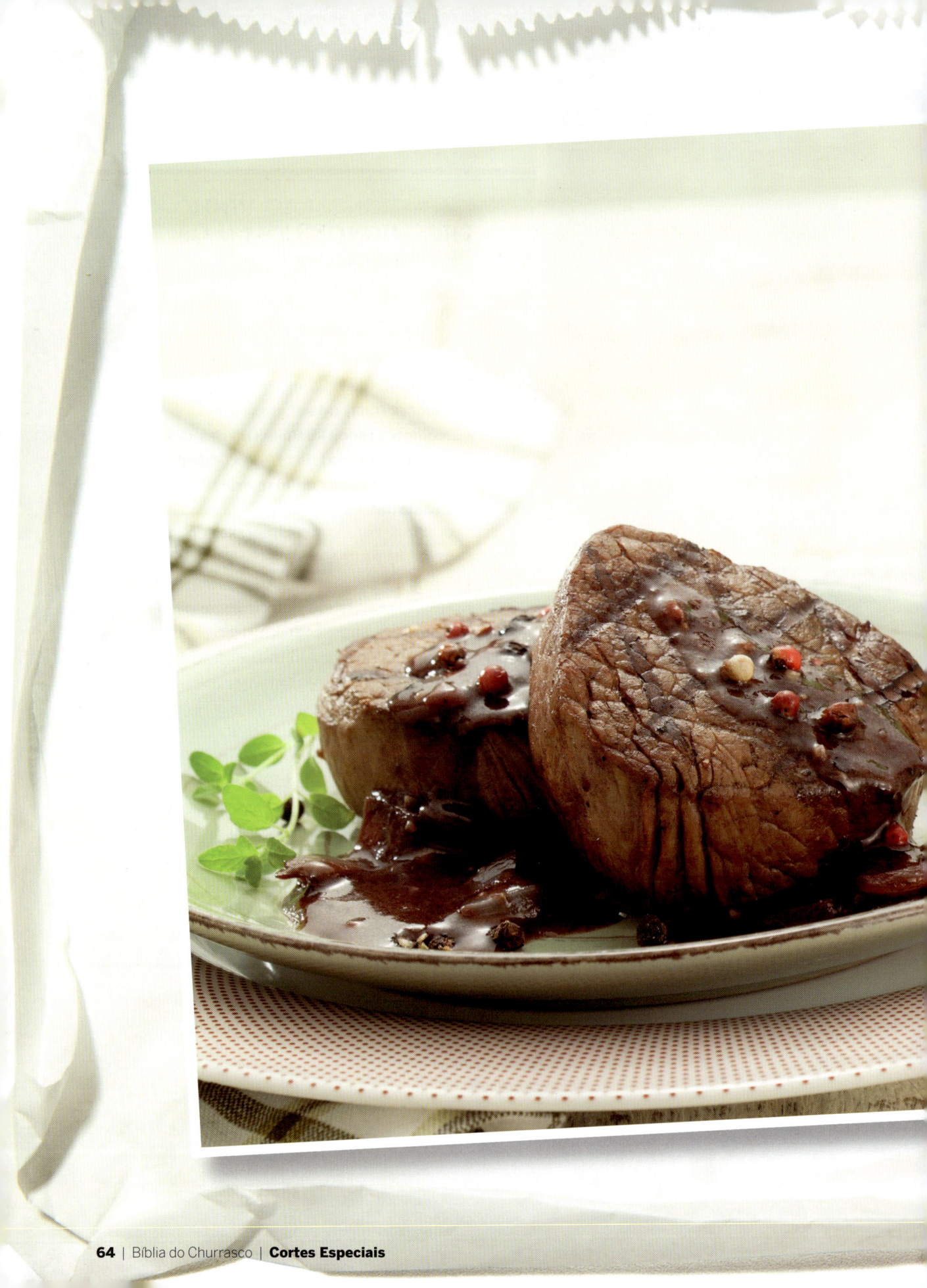

FILÉ-MIGNON AO VINHO COM VINAGRE DE MAÇÃ

Rendimento: 5 porções
Tempo de preparo: 1h

INGREDIENTES
- 1 kg de medalhões de filé-mignon
- 2 dentes de alho picados
- 2 cebolas picadas
- 1/2 xícara (chá) de manteiga sem sal
- 3 colheres (sopa) de farinha de trigo
- Sal e pimenta-do-reino moída a gosto
- ½ garrafa de vinho tinto seco
- 3 colheres (sopa) de vinagre de maçã

MODO DE PREPARO
- Acenda o carvão na churrasqueira e deixe o braseiro ficar uniforme, por mais ou menos 40 minutos.
- Derreta a manteiga em fogo médio e frite o alho e a cebola.
- Acrescente a farinha, mexendo sempre até dissolver bem. Junte o sal, a pimenta, o vinho e o vinagre. Deixe cozinhar por 30 minutos. Reserve em local aquecido.
- Tempere bem a carne com com sal e pimenta-do-reino e leve para a grelha, a uma distância de 15 cm da brasa.
- Quando a carne começar a soltar líquidos é hora de virar. Asse por mais 10 minutos. Retire da brasa e deixe descansar por 3 minutos.
- Arrume o filé-mignon em uma travessa, distribua o molho e sirva logo em seguida.

BIFE DE CONTRAFILÉ COM MIX DE PIMENTAS

Rendimento: 5 porções
Tempo de preparo: 1h45

INGREDIENTES
- 5 bifes grossos de contrafilé
- 1 colher (chá) de pimenta-do-reino branca
- 1 colher (chá) de pimenta rosa
- 2 colheres (sopa) de sal grosso em grãos médios
- Ramos de alecrim

MODO DE PREPARO
- Acenda o carvão na churrasqueira e deixe o braseiro ficar uniforme, por mais ou menos 40 minutos.
- Triture as pimentas com o sal em um pilão e tempere a carne com a mistura.
- Leve a carne para a grelha, a uma distância de 15 cm da brasa. Quando a carne começar a soltar líquido é hora de virar. Deixe por mais 10 minutos e estará pronta.
- Salpique alecrim e pimenta rosa, fatie e sirva em seguida

ENTRECOTE AO SHOYU

Rendimento: 8 porções
Tempo de preparo: 1h30

INGREDIENTES
- 1 peça de entrecote
- 500 ml de molho shoyu
- 1 colher (chá) de sal grosso triturado em grãos médios

MODO DE PREPARO
- Acenda o carvão na churrasqueira e deixe o braseiro ficar uniforme, por mais ou menos 40 minutos.
- Enquanto isso, coloque a carne para marinar por 5 minutos numa mistura de molho shoyu com o sal.
- Leve a carne à grelha da churrasqueira a uma distância de 40 cm da brasa.
- Deixe assar por aproximadamente 20 minutos de cada lado ou até ficar dourada.
- Retire da churrasqueira e sirva em fatias.

MANUAL DO BOM CHURRASQUEIRO

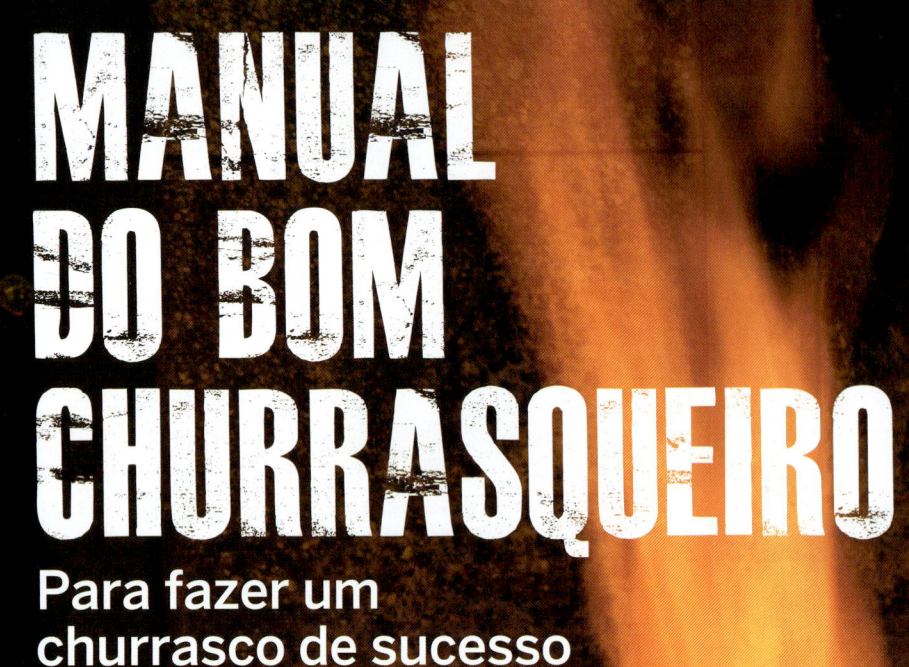

Para fazer um churrasco de sucesso é preciso saber escolher e manipular as peças, controlar o braseiro e acertar o ponto da carne. Veja a seguir uma seleção de dicas e truques para um grelhado perfeito

Mantenha a carne perfeita e livre de contaminação

Uma das coisas fundamentais quando se trabalha com alimentos é a higiene, principalmente quando o produto em questão é a carne, que, por ser manipulada in natura, está sujeita a proliferação de micro-organismos e bactérias. Também muito importante é o método de descongelamento e armazenamento durante o churrasco. Antes de começar a trabalhar as carnes, lave bem todos os utensílios que for usar, como facas, tábuas, espetos, grelhas e travessas. Mantenha as mãos sempre limpas, lavando com sabão cada vez que for mexer nos alimentos. Depois de ter todas as ferramentas limpas, providencie um local para armazenar as carnes durante o churrasco. Elas devem permanecer em uma temperatura entre 0° e 5° C. Pode ser numa geladeira ou isopor com gelo, o mais importante é estar bem perto da churrasqueira. A carne deve sair da refrigeração, ser salgada e posta na grelha sem ficar muito tempo exposta à temperatura ambiente, o que prejudica sua qualidade. Se optar pelo isopor, tome cuidado para o gelo e a água não entrarem em contato com a carne, mantendo a embalagem bem fechada e as pedras de gelo em sacos plásticos herméticos.

Calcule a quantidade certa

550 gramas é a quantidade aproximada que um homem consome num churrasco. Para as mulheres a conta fica em 400 gramas e, 250 gramas para as crianças. Essa equação não é exata, porque depende da quantidade de acompanhamentos e entradas. Peças com osso, como os cortes de frango e costela, devem pesar o dobro, para compensar a perda.

6 regras de ouro para preparar a carne

1. Descongele a carne sempre de um dia para o outro, dentro da geladeira. Mínimo de 12 horas.

2. Trabalhe com, no mínimo, duas tábuas e duas facas. Use uma das tábuas e uma das facas para manipular a carne crua e a outra para manipular a carne assada ou grelhada.

3. Nunca inverta as tábuas ou as facas, esse procedimento evita a contaminação cruzada.

4. Tenha uma lixeira próxima da churrasqueira e dê preferência para os modelos com pedal para evitar a contaminação da mão em contato com a tampa.

5. Use sempre um avental e tenha à mão panos de prato para manter as superfícies limpas.

6. Mantenha os cabelos curtos ou presos, as unhas cortadas e barbas aparadas ou protegidas durante o preparo.

Quais são e como funcionam os principais tipos de churrasqueiras e grelhas

CHURRASQUEIRAS

PRÉ-FABRICADA DE ALVENARIA COM CHAMINÉ: tem revestimento térmico apenas na fornalha (base e lados onde é depositado o carvão) e tem altura padrão de 2,20 metros. Dispensa mão de obra especializada para a instalação.

DE ALVENARIA COM CHAMINÉ: mais durável que o modelo pré-fabricado, por ser todo feito em material refratário, oferece melhor rendimento térmico. É feita sob medida por profissional especializado.

ABERTA: de alvenaria, também é conhecida como grelha. Basicamente é uma caixa na qual se coloca o carvão e suporte para grelha e espetos. Pode ter dois ou três andares. Ideal para espaços abertos, pois não tem chaminé para dispersar a fumaça.

PORTÁTEIS: podem ser retangulares, quadradas ou redondas, abertas ou com tampas para bafo. As mais sofisticadas têm controle de temperatura. Podem ser feitas de aço inox, ferro e ferro fundido.

BAFO: esse tipo de churrasqueira tem uma tampa, que funciona como forno, assando a carne por igual. É perfeita para carnes que precisam ser amaciadas como a costela.

GRELHAS

Seu uso facilita a vida do churrasqueiro. Com ela é possível acomodar vários tipos de corte e, com o controle de altura, grelhar e assar. Para grelhar cortes como bombom, entrecôte e filé-mignon e ter uma carne bem selada e suculenta, posicione a grelha a 15 cm de altura do braseiro. Para assar peças maiores, como a picanha inteira, deixe a 40 cm, e para peças grandes, como a costela, deixe a 60 cm da brasa.

GRELHA ARGENTINA Este é o modelo mais indicado pelos churrasqueiros profissionais, também conhecidas como canaletadas ou grelha parrilla. Suas canaletas de metal em formato de "V" possuem inclinação, o que faz que o sangue, a gordura e o tempero deslizem e se acumulem nas pingadeiras. Isso evita o gotejamento sobre o braseiro e a formação de labaredas, que não são ideais para o preparo do churrasco.

BARRAS Fáceis de higienizar durante e depois do preparo, proporcionam um contato maior entre os cortes e o braseiro, graças à distância entre as barras. Para evitar que a liberação de gordura e sulcos da carne formem labaredas, jogue as cinzas do churrasco anterior sobre a brasa.

MOEDAS Sua limpeza é mais difícil e é necessário o uso de escova durante o churrasco, para evitar que os sabores de carnes diferentes se misturem. Tendem a formar ondulações, pois são confeccionadas com uma única tela. É muito boa para preparar hambúrgueres.

AUXILIARES Existem diversos modelos, são móveis, de abrir e fechar e permitem que o corte seja virado de uma vez. Perfeitas para o preparo de peixes e legumes, também podem ser usadas para pequenas peças de carne.

GRELHA X ESPETO QUEM LEVA A MELHOR

Cada um dos dois tem suas qualidades na hora de churrasquear e são indicados para receitas específicas. Carnes delicadas, como o peixe, devem ser assadas em grelha, para que o alimento não fique deformado e caia ao ser colocado na churrasqueira. A vantagem de acomodar vários tipos de corte ao mesmo tempo, é outro ponto a favor das grelhas. Já os espetos permitem que o calor do braseiro vá direto para o corte, o que mantém as características do alimento. A carne fica menos tempo exposta ao calor, atingindo o ponto desejado mais rapidamente e mantendo a suculência, a maciez e o sabor.

Colocando as armas na mesa

As facas são responsáveis pela precisão e melhor aproveitamento dos cortes, e é fundamental que estejam bem afiadas. Se tiverem perdido o fio, será necessária uma afiação com pedra própria para amolar. A melhor técnica é umedecer a pedra por cinco minutos para ela ganhar abrasividade, depois deslizar ¾ da lâmina sobre a superfície da pedra, com muita atenção para que o dorso da faca vá ao encontro da pedra, e não o fio da lâmina. Esse movimento deve ser em diagonal e com uma leve inclinação. O mesmo movimento deve ser repetido várias vezes, até ficar bem amolada. É importante deslizar os dois lados da faca o mesmo número de vezes.

ARSENAL BÁSICO

1. PARA DESOSSAR
Escolha uma faca com lâmina de 6 polegadas e curvatura.

2. PARA LIMPAR
A ponta arredondada facilita a retirada de pele e gordura.

3. PARA CORTAR E SERVIR
Faca de 8 polegadas.

4. CHAIRA
Instrumento responsável pela manutenção do fio. Escolha uma que tenha tamanho proporcional ao das facas que for usar.

APRENDA A AFIAR

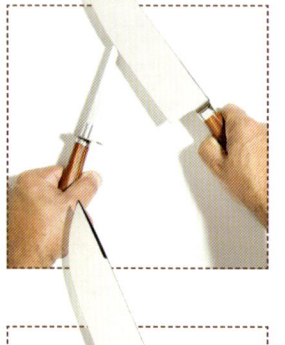

Use a chaira nas facas que estão com o fio em ordem e que precisam apenas de manutenção durante o churrasco. Veja a seguir, passo a passo, a melhor técnica de afiação.

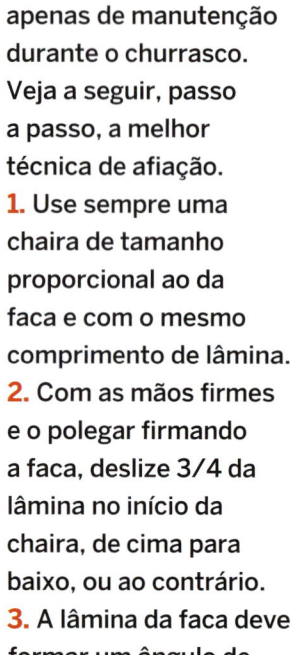

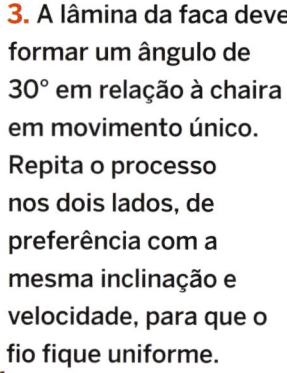

1. Use sempre uma chaira de tamanho proporcional ao da faca e com o mesmo comprimento de lâmina.

2. Com as mãos firmes e o polegar firmando a faca, deslize 3/4 da lâmina no início da chaira, de cima para baixo, ou ao contrário.

3. A lâmina da faca deve formar um ângulo de 30° em relação à chaira em movimento único. Repita o processo nos dois lados, de preferência com a mesma inclinação e velocidade, para que o fio fique uniforme.

DICA DE CHURRASQUEIRO
Conserve as facas limpas e secas, de preferência em um cepo ou bainha, para não danificá-las pelo contato com outros objetos.

A quantidade de carvão e o uso da técnica correta são determinantes para o sucesso do churrasco

O fogo deve ser aceso 40 minutos antes de começar o evento. Esse tempo é necessário para que o braseiro fique uniforme. Escolha um carvão de eucalipto – ele tem boa resistência, durabilidade, queima uniformemente, retém mais calor e é ecológico – ou briquetes, feitos de pó de carvão e amido (nesta opção, o fogo é lento, ideal para assados que levam mais tempo na churrasqueira, como costela ou cupim). Acomode uma pequena quantidade de carvão e use álcool gel ou álcool em pasta para acender o fogo – um pãozinho amanhecido embebido em álcool também é uma boa opção. O grande segredo é evitar colocar muito carvão, o excesso faz que o braseiro não consiga manter a temperatura constante, diminuindo em determinado momento e levantando labaredas em outro. O fogo deve sempre ser alimentado aos poucos, colocando

Conheça os tipos de sal

SAL GROSSO TRITURADO EM GRÃOS FINOS
É usado para cortes com mais de 4 cm de altura. Também tempera a peça de carne que foi fatiada e volta a assar

SAL GROSSO EM GRÃOS MÉDIOS
Tem o menor poder de salgar e é usado para temperar peças maiores, com mais de 1 kg, como a picanha inteira e a costela

SAL FINO
Para cortes como o filé-mignon, com até 3 cm de altura, que geralmente vão para a grelha. Deve ser usado com cuidado, pois é o que tem o maior poder de salgar

algumas pedras novas ao lado do braseiro e, conforme a necessidade, ir alimentando com mais e misturando lentamente. Para garantir melhor sabor à carne, espere que o braseiro fique em sua maioria incandescente, com uma fina camada branca por cima. Nunca use água para controlar as labaredas, esse método apenas faz fumaça e libera fuligem. Jogue as cinzas guardadas do churrasco anterior sobre a brasa, isso evitará que o fogo avance e manterá a temperatura da churrasqueira elevada. Também funciona para inibir a fumaça gerada pela gordura que escorre da carne.

> **PALAVRA DE EXPERT**
>
> "Um truque certeiro para controlar a temperatura do braseiro é colocar a mão a 15 cm da brasa e contar de um a cinco. Se suportou o calor até 'cinco', significa que o calor está perfeito para grelhar. Se chegou ao 'quatro' a carne irá queimar, e ao 'seis', cozinhar."
>
> **Valdecir Larentis,**
> Chefe de carnes do Vento Haragano Morumbi, SP

Cortes Especiais | Bíblia do Churrasco

CHURRASCO BEM ACOMPANHADO

Bruschetta, batata rosti, musse de palmito, quiche de alho-poró... A seguir, uma seleção de entradas, acompanhamentos e molhos deliciosos para deixar ainda mais saboroso o seu corte preferido

Cortes Especiais | Bíblia do Churrasco | **75**

BRUSCHETTA DE ALCACHOFRA COM PARMESÃO

Rendimento: 8 porções
Tempo de preparo: 15 min.

INGREDIENTES
- 8 fatias de pão italiano
- 2 colheres (sopa) de azeite de oliva
- Sal e pimenta-do-reino a gosto
- 1 vidro de corações de alcachofra (escorridos e lavados)
- ¼ de xícara (chá) de parmesão ralado
- 1 colher (sopa) de salsinha picada
- 1 colher (sopa) de azeite
- 2 colheres (sopa) de folhas de manjericão

MODO DE PREPARO
- Preaqueça o forno na temperatura de 120°C.
- Prepare os pães passando o azeite dos dois lados de cada fatia e temperando com sal e pimenta a gosto.
- Coloque as fatias em uma assadeira e deixe dourar (cerca de 10 minutos). Espere esfriar e reserve.
- Corte os corações de alcachofra ao meio e, delicadamente, misture o recheio numa tigela com o parmesão, a salsinha e o azeite.
- Por fim, cubra cada fatia de pão com uma porção generosa da mistura. Na hora de servir, disponha as fatias em uma travessa e decore com folhas de manjericão.

BATATINHA RECHEADA COM CHEDDAR

Rendimento: 25 unidades
Tempo de preparo: 1h30

INGREDIENTES
- 1 kg de batatinha
- 300 g de queijo tipo cheddar
- 200 g de bacon

MODO DE PREPARO
- Lave bem todas as batatinhas e cozinhe com bastante água, até elas ficarem al dente.
- Escorra a água e depois corte a pontinha de cada batata.
- Cave um buraco no centro, mas, cuidado, não precisa ser um corte muito fundo. Você vai rechear a cavidade de cada batata com o queijo cheddar. Reserve.
- Frite o bacon em sua própria gordura até que ele fique sequinho e crocante.
- Em seguida, bata no liquidificador ou processador para triturar bem os pedaços de bacon.
- Salpique o bacon já triturado sobre o cheddar e acomode as batatinhas em uma forma. Por fim, leve-as ao forno apenas para aquecer levemente e sirva em seguida.

BOLINHAS DE QUEIJO RECHEADAS COM SALAME

Rendimento: 45 porções
Tempo de preparo: 25 min.

INGREDIENTES
- 150 g de queijo branco ralado fino
- 150 g de queijo prato ralado no ralo grosso
- 150 g de queijo muçarela ralado no ralo grosso
- ½ xícara (chá) de queijo parmesão ralado fino
- 1 ovo
- ½ xícara (chá) de farinha de trigo
- 100 g de salame fatiado
- 2 xícaras (chá) de óleo

MODO DE PREPARO
- Em uma vasilha funda, junte os queijos branco, prato, muçarela e parmesão, o ovo, a farinha de trigo e amasse muito bem a mistura.
- Corte as fatias de salame em pedaços bem pequenos.
- Separe uma porção menor dessa massa e comece a modelar as bolinhas, sempre recheando com um pedaço de salame no meio. Se a massa grudar nas mãos, polvilhe um pouco de farinha de trigo.
- Em uma panela funda, aqueça bem o óleo e frite as bolinhas até ficarem douradas.
- Em seguida, coloque-as em um refratário com papel toalha para escorrer o excesso de óleo.
- Sirva as bolinhas logo em seguida, ainda quentes.

PÃO DE FRIOS E TOMATE

Rendimento: 15 porções
Tempo de preparo: 1h20

INGREDIENTES DA MASSA
- 40 g de fermento biológico
- 580 ml de água
- 1 kg de farinha de trigo
- 20 g de sal
- 10 g de melhorador de farinha (deixa a massa mais fácil de sovar, além de garantir volume, textura e cor)
- 10 g de açúcar
- 40 g de leite em pó
- 60 g de margarina
- 1 ovo para pincelar

INGREDIENTES DO RECHEIO
- 500 g de frios variados
- 100 g de requeijão
- 50 ml de extrato de tomate
- Tempero a gosto

MODO DE PREPARO DA MASSA
- Dilua o fermento em parte da água. Reserve.
- Em outro recipiente, misture os demais ingredientes, exceto a água restante e o ovo. Adicione o fermento diluído.
- Aos poucos, acrescente a água reservada e vá amassando e levantando a massa, empurrando-a para a frente com a palma da mão e dobrando-a sobre si. Deixe descansar por 20 minutos.
- Em seguida, amasse novamente e prepare o pão, dando-lhe o formato desejado (caso a massa esteja pegajosa, espalhe mais farinha por cima e deixe que ela descanse mais 10 minutos). Coloque em tabuleiro untado e volte a sová-la.

MODO DE PREPARO DO RECHEIO
- Abra a massa com rolo e recheie com o mix de frios. Feche as pontas e leve ao forno para assar.
- Aqueça o forno e pincele o pão com o ovo. Leve para assar por aproximadamente 40 minutos ou até que esteja dourado.

PASTA DE ALCACHOFRA

Rendimento: 15 porções
Tempo de preparo: 20 min.

INGREDIENTES
- ½ xícara (chá) de azeite de oliva
- 1 cebola picada
- 4 fundos de alcachofra cozidos e picados ou em conserva
- 2 dentes de alho
- 1 xícara (chá) de maionese
- Sal e pimenta-do-reino
- Fatias de pão integral torrado

MODO DE PREPARO
- Em uma panela com o fogo baixo, aqueça o azeite e refogue a cebola até que fique dourada.
- Adicione o fundo de alcachofra picado a este refogado e deixe-o cozinhar por mais alguns minutos, para incorporar o tempero.
- Retire a alcachofra do fogo, deixe esfriar e bata-a no liquidificador junto com o alho e a maionese até ficar homogêneo.
- Tempere com sal e pimenta e sirva com o pão torrado.

PASTA DE ESPINAFRE E TOMATE SECO

Rendimento: 10 porções
Tempo de preparo: 25 min.

INGREDIENTES
- 5 dentes de alho amassados
- ½ xícara (chá) de azeite de oliva
- 1 xícara (chá) de tomate seco (escorrido) picadinho
- Orégano a gosto
- 2 xícaras (chá) de espinafre cozido
- ½ xícara de requeijão
- Sal e pimenta-do-reino
- Torradinhas de pão italiano

MODO DE PREPARO
- Em uma panela, aqueça o azeite, doure os cinco dentes de alho amassados e adicione o tomate seco picadinho ao refogado.
- Acrescente uma pitada de orégano e tempere com sal e pimenta a gosto, sem tirar do fogo.
- Adicione o espinafre picado e deixe tudo refogar até que fique com uma consistência bem macia.
- Retire do fogo, misture o requeijão, deixe a pasta esfriar e sirva a seguir.

BATATA ROSTI COM ALHO-PORÓ AO CURRY

Rendimento: 6 porções
Tempo de preparo: 1h

INGREDIENTES
- 600 g de batatas
- 1 alho-poró grande
- 2 colheres (sopa) de curry
- 2 colheres (sopa) de margarina
- Sal e pimenta-do-reino a gosto

MODO DE PREPARO
- Cozinhe as batatas até que estejam macias, mas firmes.
- Escorra-as, passe sob água fria e descasque-as. Assim que estiverem frias, rale-as no ralo grosso.
- Corte as partes brancas do alho-poró em rodelas; o restante, pique em pedaços menores.
- Misture-os com as batatas raladas e tempere com o curry, um pouco de sal e uma generosa pitada de pimenta-do-reino.
- Derreta a margarina numa frigideira antiaderente grande e despeje uniformemente as batatas já temperadas, pressionando com uma espátula para ficar bem compacto.
- Deixe cozinhar por 10 minutos, vire-as delicadamente sobre uma assadeira forrada com papel-manteiga e leve-as ao forno a 220°C por 10 minutos, até que forme uma crosta dourada na superfície.
- Retire o rosti do forno, corte-o em pequenos losangos e sirva quente.

BATATAS DOURADAS NA CEBOLA

Rendimento: 4 porções
Tempo de preparo: 20 min.

INGREDIENTES
- **4 batatas médias descascadas e cortadas em rodelas finas**
- **4 colheres (café) de margarina derretida**
- **½ xícara (chá) de cebola ralada**
- **1 colher (café) de orégano seco**
- **Pimenta-do-reino a gosto**
- **Folhas de tomilho para decorar**

MODO DE PREPARO
- Unte um refratário médio com óleo e espalhe as rodelas da batata no fundo. Reserve.
- Misture a margarina derretida com a cebola, o orégano e a pimenta.
- Espalhe a mistura sobre a batata.
- Preaqueça o forno a 220°C e asse as batatas por 15 minutos ou até dourar.
- De vez em quando, passe uma espátula pelo fundo e as bordas para não grudar.
- Decore com o tomilho e sirva em seguida.

FUNDO DE ALCACHOFRA COM PASTA DE ERVAS

Rendimento: 4 porções
Tempo de preparo: 30 min.

INGREDIENTES
- 4 fundos de alcachofra
- 2 litros de água
- 2 dentes de alho
- 3 folhas de louro
- ½ taça de vinho branco
- 2 colheres (chá) de sal
- ½ colher (café) de pimenta-do-reino
- 200 g de cream cheese
- ½ xícara (chá) de creme de leite fresco
- 2 colheres (sopa) de salsa picada
- 2 colheres (sopa) de manjericão picado
- 1 colher (sopa) de cebolinha picada
- Sal e pimenta-do-reino a gosto
- 4 colheres (sopa) de queijo parmesão
- Alecrim para decorar

MODO DE PREPARO
- Cozinhe os fundos de alcachofra em uma panela com água, alho, louro, vinho, sal e pimenta até ficar tenro. Reserve.
- Misture o cream cheese com o creme de leite até formar uma pasta.
- Adicione salsa, manjericão, cebolinha, sal e pimenta-do-reino a gosto. Misture bem.
- Acomode essa pasta delicadamente sobre cada uma das alcachofras.
- Coloque as alcachofras com a pasta de ervas em uma assadeira, polvilhe com o parmesão e leve para gratinar em forno médio (180°C) por 10 minutos. Decore com alecrim e sirva quente.
- Se preferir, faça a montagem em potes individuais, acomode a alcachofra no fundo, acrescente a pasta e o queijo.

MUSSE DE PALMITO

Rendimento: 10 porções
Tempo de preparo: 30 min.

INGREDIENTES
- 2 vidros de palmito em conserva
- 2 envelopes de gelatina em pó sem sabor
- 2 xícaras (chá) de leite
- 1 colher (sopa) de mostarda
- 2 xícaras (chá) de creme de leite fresco
- Sal e pimenta-do-reino branca a gosto
- ½ xícara (chá) de maionese
- Azeite para untar
- Folhas de agrião

MODO DE PREPARO
- Escorra o palmito, reservando ¼ de xícara (chá) do líquido, e corte-o em pedaços.
- Em um refratário, ponha o líquido, polvilhe com a gelatina e deixe descansar por 5 minutos.
- Leve ao fogo em banho-maria, mexendo sempre, até dissolver a gelatina. Reserve.
- Bata no liquidificador o palmito, o leite, a mostarda, a gelatina dissolvida e o creme de leite.
- Acrescente sal, pimenta e, por último, maionese. Bata novamente.
- Unte uma forma com azeite. Transfira a mistura para a forma. Cubra com filme plástico e leve à geladeira por 4 horas ou até ficar firme. Desenforme sobre uma travessa, decore com o palmito reservado e sirva com agrião.

QUICHE AOS CINCO QUEIJOS

Rendimento: 20 unidades
Tempo de preparo: 45 min.

INGREDIENTES
- 1 pacote de massa podre pronta
- 5 ovos
- ½ xícara (chá) de queijo gruyère ralado
- 2 xícaras (chá) de ricota
- ½ xícara (chá) de queijo parmesão ralado
- 1 e ½ xícara (chá) de queijo de minas em cubinhos
- 100 g de queijo roquefort em cubinhos
- ½ copo de creme de leite • Pimenta a gosto

MODO DE PREPARO
- Estique a massa sobre uma superfície enfarinhada até que tenha 2 mm de espessura.
- Corte círculos com a ajuda de uma miniforma de tortinha.
- Forre miniformas com os discos de massa, fure com o garfo e leve ao forno para assar de 15 a 20 minutos.
- Bata levemente os ovos e misture com a ricota, os queijos e o creme de leite.
- Tempere com pimenta e misture bem até incorporar os ingredientes.
- Retire as tortinhas pré-assadas do forno, distribua o creme nas forminhas e leve, novamente, para assar em forno moderado (180° C) por aproximadamente 20 minutos, ou até que a cobertura esteja dourada. Sirva em seguida.

QUICHE DE ALHO-PORÓ COM SÁLVIA

Rendimento: 8 porções
Tempo de preparo: 1 hora

INGREDIENTES
- 2 e ½ xícaras (chá) de farinha de trigo
- ½ xícara (chá) de margarina
- 1 ovo
- ½ colher (chá) de sal
- 2 colheres (sopa) de água fria
- 2 alhos-porós
- 2 colheres (sopa) de sálvia
- 1 colher (sopa) de azeite de oliva
- 4 ovos
- 400 g de creme de leite
- Sal e noz-moscada a gosto

MODO DE PREPARO
- Numa tigela, adicione todos os ingredientes e misture bem com as mãos até obter uma massa homogênea. Modele uma bola com a massa.
- Forre o fundo e as laterais de uma forma de fundo removível (20 cm de diâmetro) com a massa. Para abri-la, use as mãos em vez do rolo.
- Leve a forma forrada com a massa à geladeira e comece a preparar o recheio.
- Com uma faca afiada, corte os alhos-porós em rodelas finas.
- Numa panela, coloque o azeite e leve ao fogo médio para aquecer.
- Em seguida, acrescente as rodelas de alho-poró e refogue por cinco minutos.
- Adicione a sálvia e mexa por mais três minutos.
- Tempere com sal, desligue o fogo e reserve.
- Preaqueça o forno a 180°C.
- Numa tigela, junte o creme de leite light e os ovos.
- Misture bem com um garfo até ficar homogêneo. Tempere com sal e noz-moscada.
- Retire a forma da geladeira.
- Distribua as rodelas de alho-poró na forma para que todo o fundo fique coberto.
- Em seguida, despeje a mistura de ovos com creme de leite.
- Leve a forma ao forno preaquecido e deixe assar por aproximadamente 30 minutos, ou até que a superfície da quiche fique dourada.

RISOTO DE MAÇÃ E PERAS

Rendimento: 6 porções
Tempo de preparo: 40 min.

INGREDIENTES
- 2 xícaras (chá) de arroz
- 2 peras médias
- 2 colheres (sopa) de suco de limão
- 2 colheres (sopa) de azeite
- 1 cebola média picada em pedaços pequenos
- 500 ml de suco de maçã
- 1 colher (sopa) de alho picado
- 1 colher (sopa) de folhas de hortelã
- Sal a gosto

MODO DE PREPARO
- Lave, pique as peras em cubos grandes e coloque-as em uma tigela com água e o suco de limão.
- Em uma panela, aqueça o azeite, junte a cebola, o alho e deixe em fogo baixo até dourar.
- Acrescente o arroz e refogue por 5 minutos, mexendo sempre.
- À parte, coloque em uma panela o suco de maçã e 1 xícara (chá) de água.
- Leve ao fogo e, assim que ferver, despeje sobre o arroz e tempere com sal.
- Deixe cozinhar por 20 minutos.
- Junte as peras e misture bem.
- Cozinhe por mais 10 minutos ou até a água quase secar e o arroz ficar al dente.
- Retire do fogo, salpique as folhas de hortelã picadas e sirva.

RISOTO DE MANGA

Rendimento: 5 porções
Tempo de preparo: 45 min.

INGREDIENTES
- 2 colheres (sopa) de manteiga sem sal
- 1 cebola média picada
- 2 xícaras (chá) de arroz cru
- 3 xícaras (chá) de água
- 1 e ½ xícara (chá) de vinho branco
- ½ xícara (chá) de cogumelos
- ½ xícara (chá) de amêndoa
- ½ xícara (chá) de uvas-passas
- 1 lata de creme de leite
- 1 manga grande
- Sal e queijo parmesão ralado a gosto

MODO DE PREPARO
- Em uma panela, aqueça a manteiga e refogue a cebola. Acrescente o arroz e o sal e mexa bastante.
- Junte a água e o vinho, depois de terem sido misturados e aquecidos. Tampe a panela e deixe secar.
- Coloque o arroz cozido em um refratário e adicione as partes das amêndoas (reserve um pouco para decorar), os cogumelos, as uvas-passas, o creme de leite e a manga picada (reserve um pouco para decorar também).
- Depois de pronto, decore com as mangas e amêndoas reservadas, polvilhe queijo ralado e sirva.

SALADA (CONE) CREME DE ACELGA COM QUEIJO

Rendimento: 10 porções
Tempo de preparo: 30 min.

INGREDIENTES
- 10 discos de massa para pastel
- 6 folhas de acelga cortadas em tiras finas
- 1 cenoura ralada no ralo grosso
- 1 tomate picado sem pele nem sementes
- 1 xícara (chá) de queijo de minas frescal em cubinhos
- 3 colheres (sopa) de maionese light
- Papel-alumínio

MODO DE PREPARO
- Preaqueça o forno em temperatura média (180° C).
- Corte 10 pedaços de papel-alumínio e amasse cada um no formato de uma pequena bola. Modele cada disco de massa em forma de cone e recheie com o papel amassado para manter o formato. Coloque em uma assadeira retangular grande e leve ao forno por 15 minutos ou até dourar. Retire do forno e reserve até esfriar.
- Em uma tigela média, junte a acelga, a cenoura, o tomate, o queijo e a maionese e misture bem.
- Retire o papel-alumínio dos cones e recheie com a mistura das verduras. Sirva a seguir.

SALADA DE ARROZ COM FRUTAS CÍTRICAS

Rendimento: 4 porções
Tempo de preparo: 25 min.

INGREDIENTES
- 2 xícaras (chá) de arroz cozido
- 2 colheres (sopa) de vinagre de maçã
- 2 colheres (sopa) de suco de laranja
- 3 colheres (sopa) de azeite extravirgem
- Pimenta-do-reino a gosto
- 1 xícara (chá) de repolho verde
- 1 xícara (chá) de repolho roxo
- ½ xícara (chá) de uva-passa
- ½ xícara (chá) de laranja picada
- 2 colheres (sopa) de cheiro-verde
- Sal a gosto

MODO DE PREPARO
- Em uma panela grande, tempere o arroz cozido apenas em água com vinagre de maçã, suco de laranja, azeite e pimenta-do-reino.
- Acrescente os repolhos verde e roxo picados finamente, a uva-passa, a laranja picada e o cheiro-verde.
- Misture todos os ingredientes muito bem, acerte o sal e sirva a seguir.

SUFLÊ DE ABÓBORA E CARNE-SECA

Rendimento: 10 porções
Tempo de preparo: 1h30

INGREDIENTES
- 300 g de carne-seca sem gordura
- 1 cebola picada
- 2 tomates picados, sem pele e sem sementes
- 2 ovos (claras e gemas separadas)
- 1 e ½ xícara (chá) de abóbora-moranga cozida e amassada
- ½ xícara (chá) de leite desnatado
- 1 colher (sopa) de farinha de trigo

MODO DE PREPARO
- Deixe a carne-seca de molho por 24 horas na geladeira, trocando a água, no mínimo, 5 vezes.
- Cozinhe a carne em panela de pressão por aproximadamente 30 minutos, ou até ficar macia.
- Desfie a carne fria e coloque em uma panela com a cebola e o tomate. Deixe cozinhar por mais 20 minutos, pingando água se necessário.
- Coloque a carne no fundo de uma forma média para suflê.
- Bata as claras em neve e reserve.
- Bata a abóbora com o leite no liquidificador e coloque em uma panela com a farinha de trigo. Leve ao fogo para engrossar, mexendo sempre. Retire e espere amornar.
- Adicione as gemas e as claras batidas em neve. Coloque sobre a carne-seca.
- Leve ao forno preaquecido (180°C) e deixe por cerca de 30 minutos. Sirva em seguida.

SUFLÊ DE ALHO-PORÓ

Rendimento: 10 porções
Tempo de preparo: 1h30

INGREDIENTES
- 2 xícaras (chá) de alho-poró picado (sem as folhas)
- 2 colheres (sopa) de margarina
- 2 colheres (sopa) de farinha de trigo
- 1 e ½ xícara (chá) de leite desnatado
- 6 gemas
- 250 g de requeijão
- 1 colher (chá) de noz-moscada ralada
- Sal a gosto
- 6 claras em neve
- 1 colher (chá) de margarina para untar

MODO DE PREPARO
- Refogue o alho-poró com a margarina e reserve.
- Toste a farinha de trigo em outra panela e bata no liquidificador com o leite e as gemas.
- Leve ao fogo baixo para engrossar.
- Acrescente o alho-poró refogado e o sal. Esfrie.
- Preaqueça o forno.
- Bata as claras em neve, junte delicadamente o requeijão, e a noz-moscada.
- Adicione à mistura o creme de alho-poró.
- Coloque em refratário grande untado com margarina e leve ao forno médio (180°C) por 45 minutos ou até dourar.

TORTA DE CEBOLA

Rendimento: 26 porções
Tempo de preparo: 1 hora

INGREDIENTES
- 11 colheres (sopa) de farinha de trigo
- 3 ovos
- 1 e ½ xícara (chá) de leite
- 3 colheres (sopa) de queijo ralado
- 1 colher (sopa) de fermento em pó
- Sal a gosto
- 2 tomates grandes picados
- 2 cebolas grandes picadas
- Azeite de oliva e orégano a gosto

MODO DE PREPARO
- Bata no liquidificador a farinha de trigo, os ovos, o leite, o queijo ralado, o fermento em pó e o sal.
- Coloque a massa em uma forma untada e leve ao forno médio preaquecido por 10 a 20 minutos.
- Misture os tomates picados, as cebolas picadas e os temperos, formando uma salada.
- Retire a massa assada do forno, cubra com o recheio e leve novamente ao forno por 10 minutos.

TORTA INTEGRAL DE BRÓCOLIS

Rendimento: 12 porções
Tempo de preparo: 50 min.

INGREDIENTES
- 1 xícara (chá) de brócolis
- ½ xícara (chá) de queijo branco cortado em cubos pequenos
- 1 tomate cortado em cubos
- 1 colher (chá) de orégano
- 1 pitada de sal
- 3 ovos
- 1 xícara (chá) de leite desnatado
- ½ xícara (chá) de óleo de canola
- 1 e ½ xícara (chá) de farinha de trigo
- ½ xícara (chá) de aveia em flocos finos
- 1 colher (sopa) de fermento químico em pó
- 1 pitada de sal
- 1 colher (sopa) de queijo parmesão ralado

MODO DE PREPARO
- Misture bem as folhas e os talos de brócolis, o queijo branco cortado em cubos, o tomate picado, o orégano e o sal e reserve.
- No liquidificador, bata bem os ovos, o leite desnatado, o óleo de canola, a farinha de trigo, a aveia em flocos finos, o fermento e o sal.
- Unte uma forma retangular com margarina e farinha de trigo e coloque metade da massa.
- Coloque todo o recheio por cima e cubra com a outra metade da massa.
- Polvilhe o queijo parmesão ralado por cima e asse em forno a 180°C por 25 a 30 minutos, até que a massa fique dourada e, ao espetar um palito, ele saia limpo da massa.

TORTA SALGADA DE LIQUIDIFICADOR

Rendimento: 14 porções
Tempo de preparo: 1 hora

INGREDIENTES
- 2 xícaras (chá) de leite integral
- 1 tablete de caldo de carne
- 3 ovos
- 1 xícara (chá) de óleo de canola
- 1 e 1/3 de xícara (chá) de farinha de trigo
- 2 colheres (sopa) de fermento em pó
- 3 tomates cortados em cubinhos
- ½ cebola picada
- 1 colher (sopa) de azeite de oliva
- Orégano a gosto
- 250 g de muçarela
- 1 lata de sardinha
- 1 vidro de palmito em cubinhos

MODO DE PREPARO
- Tempere os tomates com azeite de oliva e orégano.
- Prepare a massa, batendo no liquidificador o leite desnatado, o sal, os ovos e a margarina.
- Junte aos poucos a farinha de trigo integral e, por último, o fermento em pó.
- Arme a torta em uma assadeira, untada com margarina, colocando alternadamente uma camada de massa, uma de tomate, uma de massa, uma de ricota, uma de massa, uma de sardinha, o palmito, as cebolas e conclua com o restante da massa.
- Preaqueça o forno e asse a torta por cerca de 40 minutos ou até ficar dourada.

MOLHO DE MANJERICÃO FRESCO

Rendimento: 8 porções
Tempo de preparo: 20 min.

INGREDIENTES
- 1 maço de manjericão fresco
- 50 g de castanha de cajú
- 50 g de queijo parmesão
- 6 colheres (sopa) de azeite de oliva
- Sal e pimenta (a gosto)
- 2 dentes de alho

MODO DE PREPARO
- Bata todos os ingredientes em um liquidificador ou processador de alimentos até obter uma textura homogênea. Sirva em seguida.

MOLHO DE MOSTARDA E MEL

Rendimento: 6 porções
Tempo de preparo: 20 min.

INGREDIENTES
- 1 tablete de caldo de carne
- 1 xícara (chá) de água quente
- 2 colheres (sopa) de mel
- 1 colher (sopa) de mostarda em grãos
- 3 colheres (sopa) de molho de mostarda
- 1 colher (sopa) azeite de oliva

MODO DE PREPARO
- Em uma panela, dissolva o caldo de carne na água quente.
- Junte o mel, a mostarda em grãos, o molho de mostarda e o azeite.
- Leve ao fogo brando mexendo sempre, até engrossar.
- Retire do fogo e sirva em seguida.

AGRADECIMENTOS

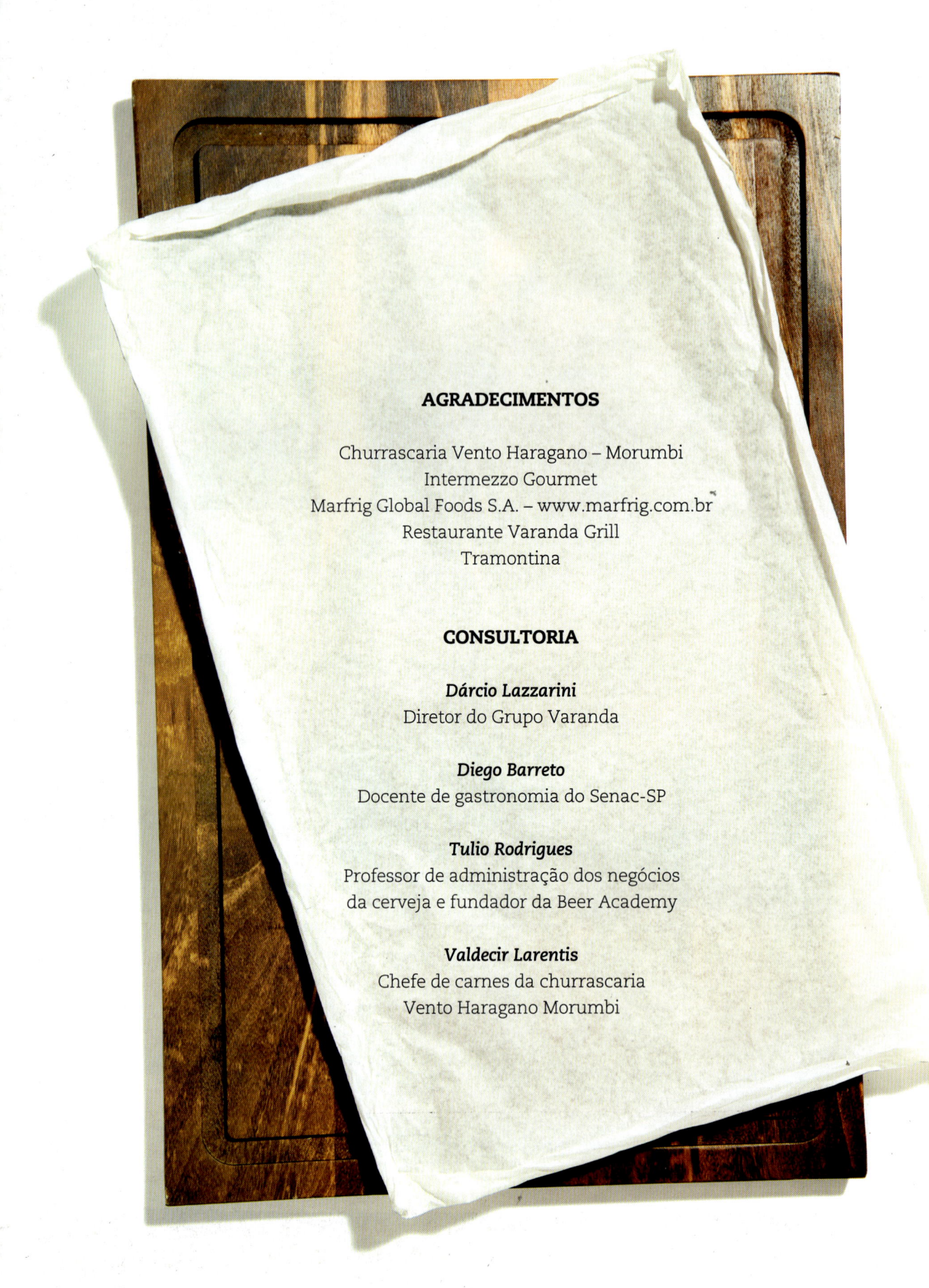

Churrascaria Vento Haragano – Morumbi
Intermezzo Gourmet
Marfrig Global Foods S.A. – www.marfrig.com.br
Restaurante Varanda Grill
Tramontina

CONSULTORIA

Dárcio Lazzarini
Diretor do Grupo Varanda

Diego Barreto
Docente de gastronomia do Senac-SP

Tulio Rodrigues
Professor de administração dos negócios
da cerveja e fundador da Beer Academy

Valdecir Larentis
Chefe de carnes da churrascaria
Vento Haragano Morumbi